tz
nts

★ bairisch

AUGSBURG

ISCH

sen

Friedrich E. Vogt · Schwäbisch in Laut und Schrift

Friedrich E. Vogt

Schwäbisch

in Laut und Schrift

Eine ergründende und ergötzliche Sprachlehre

J. F. Steinkopf Verlag Stuttgart

2. Auflage 1979
Einband: Willi Vogt, Stuttgart
Satz und Druck: Offizin Chr. Scheufele, Stuttgart

ISBN 3 7984 0340 6

INHALT

RANDWORTE

„Ist das Schwäbische als bequeme, lässige Redeweise unter Einheimischen, also als eine verwaschene Form des Hochdeutschen anzusehen, oder hat es als eigenständige, sozusagen gewachsene Sprache zu gelten? Die Antwort ist von der Sprachwissenschaft schon längst und unwidersprechlich gegeben worden: wie das Bairische, das Fränkische, das Alemannische usw. war das Schwäbische eine Stammessprache. Deshalb ist es älter als die überregionale Sprache des Hochdeutschen, die rechtens und kennzeichnend ‚Schriftsprache' genannt wurde und wird. Ihre Geltung stieg mit der Ausbreitung der Fähigkeit zum Lesen und Schreiben, auch mit der Zunahme des Überlandverkehrs."

GERHARD STORZ
Baden-Württembergischer Kultusminister a. D.

„Woran erkennt man das Wesen und den Wert einer Sprache? An der Gesetzmäßigkeit ihrer Formen, an der Klarheit und Bestimmtheit ihrer Laute, an der Fülle und Vielfalt ihrer Begriffe! Wenn dieser Satz gilt, halten die deutschen Mundarten den Vergleich mit jeder alten oder neuen Sprache aus! Und wenn man von lebenden Sprachen redet, kann man eigentlich nur die Mundarten meinen!"

„Immer ist die Mundart der Brunnen, daraus sich die Schriftsprache ihre Jugendkraft zu erneuern vermag!"

AUGUST LÄMMLE
(1876–1962)

„Es gehört zu den kaum erklärbaren Vorurteilen der Deutschen, daß sie bei einem Rheinländer, einem Berliner oder gar bei einem Hamburger die mundartliche Färbung als Beweis der Weltoffenheit werten, einem Pfälzer aber eine ähnliche Eigenart als provinziell ankreiden."

ALBRECHT MARTIN
Rheinland-Pfälzischer Landtagspräsident

(und wie steht's bei den Schwaben? – Anm. d. Verf.)

VORWORT

Wer schon im Schwabenland herumgekommen ist oder selber zu den Schwaben zählt, wird gemerkt haben, daß es sottiges und sottiges Schwäbisch gibt: ein in allen Lautgestaltungen gleiches Allgemeinschwäbisch läßt sich – wir sagen „zum Glück" und nicht „leider" – noch nicht registrieren. Auch wenn das Stuttgarterische so langsam diese Rolle anzunehmen beginnt. Und zwar nicht nur, weil es ein Willy Reichert sein Leben lang im Munde führte und weißgottwo bekannt und offenbar auch beliebt machte, sondern weil Stuttgart seiner Einwohnerzahl und seiner Gewichtigkeit nach halt Oberwasser bekommen hat.

Nun soll aber diesem Buch nicht das abgeschliffene Stuttgartschwäbisch zugrunde gelegt sein (auch wenn es natürlich zu Wort kommt), sondern das Schwäbisch, das in unserem Jahrhundert mit den Büchern vor allem von August Lämmle, Paul Schmid (Peter Strick) und Josef Eberle (Sebastian Blau) die größte Verbreitung gefunden hat: es ist das auch einwohnerzahlmäßig am stärksten vertretene Schwäbisch, das man im Gebiet zwischen dem mittleren Neckar, den Ursprungsläufen von Nagold und Enz und bis fast an die untere Enz hin (wo das Fränkische aufkommt) hört, und das mit den Fildern, dem Schönbuch, dem Rammert, dem Oberen Gäu und einem Stück des Strohgäus abgesteckt werden kann; ein Gebiet, das wir in einem späteren Kapitel sprachlich noch genauer in die gesamtschwäbische Sprachlandschaft eingliedern.

Die besonderen Eigenarten des Schwäbisch außerhalb dieses Gebietes sollen selbstverständlich auch aufgetischt werden.

Jedenfalls – wer die vorliegende „Schwäbische Grammatik" durchstöbert, ist im Bild! Für den ist das Schwäbische bald kein mit Rätseln behaftetes Kauderwelsch mehr, sondern eine überschaubare, sich nach althergebrachten Gesetzen richtende gewachsene Mundart: eine Mundart, neben der das genormte und modischen Einflüssen zugänglichere Hochdeutsch nicht in jedem Fall besser wegkommt.

WER SPRICHT DENN NOCH SCHWÄBISCH?

Die Frage wird oft gestellt, sowohl im Ton der Neugier wie in dem einer gewissen Abfälligkeit: Wer spricht auch heute noch eine wirklich landschaftsverwurzelte und naturgewachsene Mundart? Ist denn nicht alles schon vermengselt und vermanscht? Will oder sollte nicht längst jedermann zur genormten Hoch- und Einheitssprache greifen?

O nein! Noch sprechen die meisten Menschen – nicht nur bei den Schwaben, sondern auch anderswo in den deutschen und außerdeutschen Landen – die ihnen angeborene, mitgegebene, ihre Herkunft kennzeichnende Mundart.

Am reinsten, ursprünglichsten und unverfälschtesten tun das aber zweifellos noch die Alten, die Seßhaften, die Hagebüchenen, die Leute, die nicht oder nur wenig aus ihren heimatlichen Gefilden herausgekommen sind. Es sind das zugleich die einfach und instinktsicher Gebliebenen, diejenigen, die sich nicht allzusehr von dem belecken ließen, was man seit langem unter der Flagge der – möglichst internationalen – „Zivilisation", „Kultur", „Bildungsbestrebungen" usw. auch in das entlegenste Dorf brachte. Keineswegs sind es die Einfältigen oder irgendwie Zurückgebliebenen; es sind diejenigen, denen das Gefühl für Echtes und Angepaßtes erhalten, deren Geschmack eigengeprägt blieb und die ihrer selbst sicher und bewußt geblieben sind. Originale neben Schablonen. Naïve gegenüber Abgeklärten.

WER LIEST SCHWÄBISCH?

Da ist nachweisbar festzustellen:
1. Die Mundartleser gehören meist einer ganz anderen Sorte von Leuten an als die Mundartsprecher. Sie sind verwöhnter, komplizierter und anspruchsvoller. Wer nach Mundartliteratur greift, der tut das, weil er, als Feinschmecker im Lesen, auch einmal etwas anderes als das Festgefügte, Normierte – oft auch Gekünstelte – vor Augen haben will. Weil er, mindestens dazwischenhinein, das Besondere, Eigengeprägte, Andersfarbige sucht. Und das Individuelle, das Bodenständige, nicht durch alle möglichen Internationalismen und Gelehrtenausdrücke (geschweige denn das Triviale) Gepanschte und Verfremdete.
2. Die Zahl der Mundartleser ist allem Vernehmen nach im Ansteigen begriffen. Das hat nicht nur mit den ebengenannten Bedürfnissen zu tun, auch nicht nur mit der Nostalgiewelle, die seit einiger Zeit über uns geht. Nein: es hängt auch mit der Erneuerung[1], dem zunehmenden formalen Anspruch[2] und mit der stofflichen Ausweitung[3] der Mundartdichtung gerade in unserer Zeit zusammen, die allmählich alle deutschen Landschaften erfaßt hat.

[1] viele, besonders auch jüngere Poeten sind am Werk

[2] es bleibt an Darstellungs- und Ausdrucksmöglichkeiten auch das nicht mehr ausgenommen, was einmal nur der Hochsprache vorbehalten zu sein schien

[3] man bleibt nicht beim Bierzeltwitz und der Posse, bei der Gelegenheitsbetrachtung, der idyllischen Schilderung, dem – von Sebastian Blau so benannten – „Anekdötlesgruuscht“ und ähnlichem stehen

WER SCHREIBT SCHWÄBISCH?

Nun ja – die schwäbischen Bücherschreiber sind eine Gruppe von Liebhabern, die einige Voraussetzungen mitbringen müssen, wenn sie sich halten wollen; sie müssen:

1. in einer genau auszumachenden Mundartlandschaft aufgewachsen und möglichst lange mit dieser verbunden gewesen sein;
2. diese Mundart nicht nur in ihrem Unterbewußtsein gestapelt haben, sondern sich selbst und anderen ohne weiteres ins Bewußtsein rufen können;
3. sich mit der Mundart gleichsam wie mit einer Fremdsprache wissenschaftlich abgeben, damit sie hinter deren Eigengesetze kommen;
4. das Handwerk des Schriftstellerns beherrschen.

Wer sich in der Gilde der schwäbischen Mundartdichter bewegt hat und neuerdings zu ihr gestoßen ist, darüber gibt ein besonderes Kapitel Auskunft.

WO HERRSCHT DAS SCHWÄBISCHE?

Wo wird in deutschen Landen schwäbisch gesprochen? Halt – jetzt ist es an der Zeit, einen Einwurf zu machen. Bei uns wird nämlich gar nicht gesprochen und auch nicht geredet. Bei uns wird „geschwätzt". Wobei diesem Schwätzen absolut nicht der Unterton des Gedankenlosen, Billigen und Oberflächlichen anhaftet. Nein – es ersetzt allein und ganz und gar übliches „Sprechen" und „Reden", Wörter, die sich im Schwäbischen nicht eingebürgert haben.

Also, zutreffend gefragt: wo hört man schwäbisch „schwätzen“? In welchem Landstrich Deutschlands ist das Schwäbische bodenständig?

Da müssen wir zuerst die Vermutung ausräumen, „schwäbisch“ sei am Ende identisch mit „württembergisch“. Dem ist nicht so: es füllt einerseits nur ein Teilgebiet Württembergs aus, reicht aber andrerseits streckenweise auch ins politisch Bairische und Österreichische hinein.

In der Übersicht betrachtet, umfassen die Orte mit schwäbischer Lautung ein in sich geschlossenes Gebiet, das, wenn wir es im Schwarzwald mit Freudenstadt/Baiersbronn beginnen lassen, folgende Hauptorte einbegreift: Leonberg, Marbach, Backnang, Ellwangen, Neresheim, Dillingen, Augsburg, Landsberg, Schongau, Füssen, Reutte, Immenstadt, Leutkirch, Waldsee, Tuttlingen, Rottweil, Schiltach, um, von hier aus wieder in Freudenstadt/Baiersbronn ankommend, den so markierten, recht eingebeulten Kreis zu schließen. Innerhalb von ihm ist eine andere als die schwäbische Sprechweise nur im Munde von „Hereingeschmeckten“ möglich. Und erst, was in einer gewissen Entfernung drumherumliegt, hat seit altersher fränkische, bairische oder alemannische Lautung und bleibt denn auch außerhalb unserer Betrachtung.

Bei dieser Absteckung hat man zu bedenken, daß sie die Verhältnisse nur grob nachzeichnet. Faktisch vollzieht sich der Übergang von unserer schwäbischen Landschaft in die genannten umliegenden in mehr oder weniger breiten Etappen, so daß ein Übergangsfeld entsteht, in dem sich gewisse Merkmale an nicht immer gleichen Stellen scheiden, so lange, bis irgendwann einmal alle nur noch so und auf der Gegenseite nur noch anders anzutreffen sind.

DREIERLEI SCHWÄBISCH

Nach den Forschungen der Professoren Bohnenberger und Haag empfiehlt sich die Dreiteilung in ein westliches, ein mittleres und ein östliches Schwäbisch.

Für die Scheidung zwischen Westschwäbisch und Mittelschwäbisch bieten sich zwei ohrenfällige und sich bis heute als verhältnismäßig beharrlich erweisende (nicht ganz identische) Linien an. Auf deren einer (der westlichen) Seite werden die hochdeutschen Wörter breit, nein als *bròad, noa'*, auf der anderen als *broid, noi'* gesprochen. Außerdem stellen sich (westliches) *raod, Sai* gegen *rood, See* (für hochdeutsch: rot, See). Diesen Trennlinien zufolge reicht das Westschwäbische – von Nord nach Süd gezogen – etwa bis Asperg, Vaihingen a. F., Rottenburg, Ebingen und Schwackenreute, während Ludwigsburg, Stuttgart, Tübingen, Gammertingen, Meßkirch und Pfullendorf bereits auf mittelschwäbischem Gebiet liegen.
Die Scheidung zwischen Mittelschwäbisch und Ostschwäbisch ist nicht so einfach vorzunehmen, weil keine sich ungefähr deckenden Trennungslinien aufzufinden sind. Hier müssen wir erst ein Übergangsfeld durchschreiten.
Dieses beginnt mit der sogenannten Schwerverschlußdehnung: das hochdeutsche Wort Kopf, mittelschwäbisch genau so gesprochen, wird dort auf einmal in die Länge gezogen zu *Koobf*, und ebenso wird Hammer zu *Haamer* und Kalb zu *Kaalb*.
Sodann stellt sich etwas östlicher die Erscheinung ein, daß hochdeutsches langes a (mittel- und westschwäbisches òò) verschwindet und dem Zwielaut *ao* Platz macht: Schaf (mittel- und westschwäbisch *Schòòf*) spricht sich von da ab *Schaof*.
Und schließlich wird die markanteste Scheide erreicht: hochdeutsch rot, See, die westschwäbisch (wie oben gesagt) und meist auch mittelschwäbisch als *raod, Sai* auftreten, schalten ihre Zwielautung um auf *ròad, Sea*. Und damit haben wir dann

voll-ostschwäbisches Sprachgebiet betreten, in welchem, um zusammenzufassen, für Kopf, Hammer, Kalb, Schaf, rot und See durchgehend die auffallenden Lautungen *Koobf, Haamer, Kaalb, Schaof, ròad* und *Sea* herrschen.

VIELERLEI SPRECHWEISEN

Hochdeutsch

Hochdeutsch sprechen? Nun – von Schauspielern, Fernseh- und Rundfunksprechern und ähnlichen nimmt man an, daß sie es einmal während ihrer Berufslaufbahn erlernt haben und im Bedarfsfall können. Von den Leuten um Hannover herum wird behauptet, sie hätten es mit der Muttermilch eingesogen.
Bei einem Schwaben steht von vornherein fest, daß er es nicht kann: jedenfalls nicht so, wie es der „Siebs", das deutsche Aussprache-Wörterbuch, vorschreibt.
Man lasse einen Schwaben nur einmal das geschriebene Wort „lebendig" ablesen: allein in diesem einzigen Wort wird er dem Hochdeutschen gegenüber drei Fehler machen. Dort muß es nämlich „leebändich" gesprochen werden. In stuttgartschwäbischem Mund lautet es aber nicht anders denn *läbendig*!
Um noch ein Beispiel zu bringen: was hochdeutsch stimmhaft anlautet und dann mit langem Selbstlaut weitergeht, wie das Wort „sagt" (gesprochen: saagt), klingt im Stuttgarter Honoratiorenschwäbisch (vgl. das Kapitel darüber) stimmlos und kurz *ßaggd*!
Und so hört man die vom Hochdeutschen alle Augenblicke abweichende Lautung sofort, wenn ein Schwabe den Mund aufmacht. Warum auch nicht? Wenn dem nicht so wäre, würden wir mit Recht feststellen: „*Dem sei' Reed hòd koi' Hoimed*" (dessen Redeweise hat keine Heimat). So einer käme uns unnatürlich, geschraubt, wie ein Automat vor.

Wo das in unseren Landen Ortsgebundene, das ganz besonders Gefärbte, von der Hochsprache am meisten Abweichende herauszuhören ist, da handelt es sich um

Vollschwäbisch, Stockschwäbisch

Diese grundechte, naturgewachsene Art von Schwäbisch trifft man vor allem in den kleinen Ortschaften und in den alten Vierteln der Städte, einschließlich Stuttgart, auch heute noch überall da an, wo Einheimische *(Hiasige)* sich untereinander – nicht im Beisein von Ortsfremden *(Rei'gschmeckte)* – verständigen. Dabei ist es immer noch so, daß nicht nur in den Großteilgebieten des Schwäbischen (s. Kapitel „Dreierlei Schwäbisch") Lautungsverschiedenheiten auftreten, sondern daß solche, einhergehend mit oft anderer Wortwahl, fast von Ort zu Ort verschieden anzutreffen sind. Es seien wenigstens dreierlei Beispiele angeführt:

In einem Albdorf kann man hören: *Mr said, se däare iiaz gao'*.
Im Lechschwäbischen: *Ma sääd, se diare jezzed gong.*
In der Stuttgarter Altstadt: *Mr sechd, se däämded ezz ganga* (für Hochdeutsch: Man sagt, sie täten jetzt gehen).

In der Mundartschriftstellerei ist eigentlich nur solches ortsgebundenes Voll- bzw. Stockschwäbisch am Platz. Jede Abweichung davon, jedes Gemisch insbesondere ist anfechtbar, wenn nicht eine ausdrückliche Absicht dahintersteht.

Honoratioren- oder Veigelesschwäbisch

Diese Art von Schwäbisch wird vor allem vom „Städtler" gepflogen. Und zwar dann, wenn er unter seinesgleichen irgendwie hervorstechen oder in Gesellschaft von andersssprechenden Ortsfremden verständlicher wirken möchte. Der im vorigen Abschnitt angeführte Satz würde in dieser Sprechweise so lauten:

Mr saggd, se würded ezzd gee

Sebastian Blau hat diese Art zu sprechen (in der ihm eigenen Umschrift) in seiner „Niedernauer Idylle“ trefflich karikiert. Das Preziöse, Unnatürliche, Gespreizte an ihr kommt entwaffnend zum Vorschein in seinen Hexameterzeilen, von denen einige zitiert seien:

„*Also geht mr mit s Oberinschpekters und ihre zwei Mädla –*
ao dr Viktor darf heut mit und s Bäsle aus Schtuggart –
über de Wöhrd und nauf s Schtationawegle zur Altschtadt;
d Herra voraus: dr Notar in dr weißa Weschte, da neua
Panama auf, dr Oberinschpekter im lüschterna Schwenker.“

In echter – im Nachfolgenden stuttgarterischer – Stadtmundart würde das in moderner Umschreibung so lauten:

„*Also gòòd mr mid s Oberenschbäggders ond ihre zwoi Mädla –*
ao dr Viggdor därf heid midd ond s Bäsle aus Schduagerd –
iiber da' Weerd ond nuff s Schdazionawägle zor Aldschdadd;
d Herra vornadraus: dr Noddaar en dr weißa Wäschd, da' neia
Panama uff, dr Oberenschbäggder em lischderna Schwengger.“

Was ist über „Honoratiorenschwäbisch“ zu sagen, wenn man an seine Verwendung in der Dialektdichtung denkt? Nun – es kann allenfalls zur Ironisierung, Karikierung und Parodierung dienen und sollte dann auch deutlich so etikettiert werden. Es verkörpert die gezierte Halbmundart und ist darum auch – je nach Sprecher – schwankend in seiner Form und Wortwahl. Es ist weder hochdeutsch noch vollschwäbisch (wir würden sagen: *ned muh ond ned mäh!*), es richtet sich ganz und gar nicht nach den bei beiden genau festliegenden und keinesfalls nach Belieben veränderbaren Lautgesetzen.

Kurt Roschmann meint indes einmal viel drastischer, wo er auf das Honoratiorenschwäbisch zu sprechen kommt, daß er „angewidert ein Sichgehenlassen“ spüre „und daneben den Krattel dessen, dem es zu reinem Schriftdeutsch nicht reicht“.

Salonschwäbisch

Diese Art, sich auszudrücken, war zu Hillers und Grimmingers Zeiten vorherrschende Mode in der schwäbischen Dialektdichtung. Sie war zeitbedingt, stellte eine interessante Periode in unserer Mundartpoesie dar, ist aber in unserer aufs Faktische, Wirkliche, Echte eingestellten Gegenwart überholt. Zwei Proben sollen uns ins Bild setzen:

„Mit leichte Aetherflügel,
umkränzt vom Sonnastrahl,
liabäugelet vom Hügel
der Morga s Wiesatal.“

Das ist völlig hochsprachlich empfunden (besonders auch der Wortwahl nach), deutet nur da und dort im Grammatischen und im Lautlichen an, daß es sich um schwäbische Mundart handelt. Es wäre aber, von heute aus gesehen, besser von vornherein ganz in der Hochsprache niedergeschrieben worden.

„Und wieder ischt verklunga
der Vögel Jubelschall:
wo d Nachtigalle gsunga,
do goischtert Blätterfall.“

Verklunga ist ein Wort, das die Mundart nicht verwendet (dafür etwa: *hört mr nemme*). Der poetische Genitiv *der Vögel Jubelschall* ist absolut unvolkstümlich (allenfalls: *dr Gsang von de Veegl*). Für *Jubelschall* und *Blätterfall* gilt das von *verklunga* Gesagte. Die einzigen Stellen, die nach Mundart klingen, sind demnach *wieder ischt* und *do goischtert*.

Falsches Schwäbisch

Man glaubt gar nicht, wieviel glattweg falsches Schwäbisch es gibt. Zwar muß man schon ein Schlaule sein, um es zu entdecken. Und man muß außerdem gewärtig sein, daß es einem verübelt wird, wenn man es entlarvt. Aber eine schwäbische Grammatik kommt nicht drumrum: sie muß objektiv sein!

Soviel ist sicher: in einer Sammlung von Mundartstücken sollten solche, die offensichtliche und vor allem gehäuft vorkommende Fehler aufweisen, nicht eingereiht werden. Es sei denn, es handle sich um altüberlieferte und derartig volkstümlich gewordene, daß man sie trotz sprachlicher Einwände etwa aus Gründen der Pietät aufnimmt.

So darf man ein Ohr zudrücken, wenn ausgerechnet unser schwäbisches „Nationallied"[1] halt sprachlich nicht *auf dem Kiwiif* ist. Es fängt bekanntlich so an:

> „*Auf de schwäb'sche Eisebahna*
> *wollt amòl a Bäuerle fahra . . .*"

Gegen den sogenannten unreinen Reim *bahna/fahra* soll gar nichts vorgebracht werden: solche nur annäherungsmäßige Lautübereinstimmung ist schon immer durchaus volkstümlich gewesen. Aber was einem im Ohr wehtut, das ist die Vergangenheitsform *wollt*! Im gesamten schwäbischen Sprachbereich (nur der bairische ließ sich offenbar erweichen!) ist nichts als die zweite Vergangenheit *hòt wölla* im Gebrauch. Diese konnte aber unser Poet aus metrischen Gründen nicht brauchen.

Das andere landauf, landab gesungene Volkslied beginnt folgendermaßen:

> „*Muß i denn, muß i denn*
> *zum Städtele naus . . .*"

Das *muß* liegt allenfalls den an unser schwäbisches Sprachgebiet angrenzenden Franken auf der Zunge. Ein waschechter Schwabe kennt dafür nur *muaß* mit Zwielautung. Die aus metrischem Zwang geborene Form *Städtele* mag Nichtschwaben zwar reizvoll vorkommen, schwäbisch ist sie keinesfalls. Wir lassen das niedlich-hüpfende Zwischen-*e* aus dem Spiel, sagen überall nur *Städtle*.

[1] wir wiesen schon in einer 1961 im „Württembergischen Jahrbuch für Volkskunde" erschienenen Abhandlung darauf hin

Mundartsprachlich einwandfrei ist dagegen etwa das Lied:

„Auf em Wasa graset d Hasa
ond em Wasser gampet d Fisch.
Liaber will i gar koi' Schätzle
als wia so en Flädrawisch.“

Mißgestaltetes Schwäbisch

Weniger Nachsicht ist in unserer hellhöriger und damit anspruchsvoller gewordenen Zeit angebracht bei Mißgriffen und Verstößen, die alle aus der vorliegenden Literatur genommen sind, bei denen wir aber die Urheberschaft verständlicherweise nicht belegen:

1. Grammatikalisch falsches Schwäbisch:

   wia s drhoim war – es gibt keine erste Vergangenheit im Schwäbischen! Es kann nur heißen: *Wia s drhoim gwä isch* (vgl. S. 122).
   I han dr Fritzle gsäh – *dr* ist Werfall: der; hier muß aber der Wenfall stehen: den. Und man muß schreiben: *I han da' Fritzle gsäh* ich habe den kleinen Fritz gesehen; *der hòt dees doa'* der hat das getan – hier ist mhd. tuon und getân verwechselt; tuon wird zu *doa'*, aber getân zu *dao'*, stuttgarterisch *doo'*.

2. Eigenwillige Verwendung von Wörtern, die besonders originell oder gemütsgeladen sein sollen, wie:

   Bachastuba (statt *Bachstuub*); *Erdgebeb* (statt *Erdbeba*); *Städtele* (statt *Städtle*).

3. Beiziehung von Wörtern, die nicht im Volksmund heimisch sind. So etwa:

   Handglenk (statt *Gääder*); *emmer* (statt *ällaweil*); *etwa* (statt *äbba* oder *amend*); *Nei'gschmeckte* (statt *Rei'gschmeckte*).

Hierher gehören besonders alle überhöhten Wörter aus der

Schriftsprache wie die unter Salonschwäbisch bereits aufgeführten:

hehr, würdevoll, Jubelschall, Blätterfall;
unermeßlich stramm (echter wäre: *saumäßig* stramm),
rengs omher (wir kennen nur: *rengsrom*)
tua de vorher bsenna,
obs en Wert hot, dei Begenna
(das geeignetere *a'fanga* anfangen reimt sich natürlich nicht auf *bsenna*!).

4. Unechte, gekünstelte Wortumstellung:

Es ist der Rhythmuszwang, der solche Wortversetzungen wie die folgenden suggeriert:

So isch no heut, bei reich ond arm:
Ma isch do gern, wo s rauskommt warm
(statt: *wo s warm rauskommt*)
Wia isch dr nuie Wei'?
D Voraussag dui isch troffa ei'!
(statt: *isch ei'troffa*).

5. Unzulängliche Lautniederschreibung:

Sie ist eher einer nicht gründlich genug vorgenommenen Überlegung als dem Unvermögen zuzuschreiben. Und sie rührt letztlich daher, daß man mit den Lauten aus der Hochsprache (die dort schon mehrdeutig sein können) in der mundartlichen Niederschreibung nicht ganz zurechtkommt.
Man riskiert dabei, daß einen die – besonders nichtschwäbischen – Leser (nicht die Hörer, zu denen spricht der Vortragende hoffentlich in der richtigen Lautung!) mißverstehen:

a) Mißverständnisse bei einem einzigen Laut:

Ha no! etwa: je n u n!
mo gohsch no? wo gehst du h i n?
dees muasch no macha das mußt du n o c h machen;
ond no gang e hoim und d a n n gehe ich heim;
do muaß mr no d Gosch halta . . . n u r den Mund halten;
dees isch arg no dra das ist arg n a h e daran.

Wir haben richtig bemerkt: das *no* soll zur Umschreibung von sechserlei Wörtern herhalten: nun, hin, noch, dann, nur und nahe. Da kommt kein Teufel mehr draus, wenn wir die alle gleichermaßen mit *no* umschreiben! Da muß man sich zur Unterscheidung wirklich etwas einfallen lassen! Wir haben schon vor Jahren folgende verschiedenen Umschreibungsweisen vorgeschlagen:

ha no (*no* kann bleiben; das o wird kurz und geschlossen gesprochen);
mò gòhsch na'? (dieses *na'* kommt aus mhd. hinân; es liegt also genäseltes a vor, das wir durch Auslassungszeichen – weggefallenes n! – kennzeichnen);
dees muasch noh macha (hier liegt mhd. noh, hd. noch, zugrunde. Deshalb belassen wir das h. Bei stärkerer Betonung dürfen wir auch *nooh* schreiben);
on nò(ò) gang e hoim (hier haben wir es mit mhd. hernâch zu tun. Das aufgesetzte Gravis-Zeichen soll die Öffnung des Selbstlautes andeuten);
dò muaß mr no' d Gosch halda (das geht auf mhd. niun zurück, dessen Schluß-n die Näselung des o veranlaßt, die wir durch Auslassungszeichen markieren);
dees isch arg nòh dra' (hier ist mhd. nâhe im Spiel. Dessen in der Mundart verdumpfter Selbstlaut sei durch o mit Graviszeichen wiedergegeben).

b) Mißverständlich sind Umschriften wie:

au i trau dem net – soll das nun heißen: auch ich traue dem nicht, oder: au! ich traue dem nicht? (Wenn man „auch“ mit *ao* wiedergibt, bestehen keine Zweifel mehr);
ist *sei Nachbar* als Mahnung (sei Nachbar!) aufzufassen oder einfach als „sein Nachbar“? (Wenn man im zweiten Fall ein Auslassungszeichen setzt – *sei' Nòchber* – ist die Frage hinfällig);
ato – das als „antun“ zu deuten, ist fast unzumutbar (daß sowohl *a* wie *o* durch die Nase zu sprechen sind, ist aus der Umschrift nicht ersichtlich. Auslassungszeichen – *a'do'* – machen die Sache gleich besser!)

c) Mindestens schwer auszumachen sind Wortzusammenziehungen wie:

mite Welf heila (deutlicher: *mid de Welf heila,* mit den Wölfen heulen);
wäscha brauchschte nemme (deutlicher: *wäscha brauchschd de nemme* waschen brauchst du dich nicht mehr);
samte Katza (deutlicher: *samd de Kazza* mitsamt den Katzen).

d) Irreführend sind Lautwiedergaben wie die folgenden:

dei Pape: daß dieses Schriftbild das gleiche wiedergeben soll wie hochdeutsch „dein Papa", ist viel verlangt; lautgerecht kann man doch wohl nur *Babba* oder *Babbe'* schreiben;
ebes: zunächst meint man, das habe etwas mit „eben, plattflächig" zu tun; es handelt sich aber um die Entsprechung für „etwas", die nur mit *äbbes* richtig abgelesen werden kann;
oschtendig – meint das nun: unständig oder anständig? (mit der Schreibung *o'schtendig* für das erste und *a'schtendig* für das zweite wären die Zweifel behoben);
nahagla – ist das hinabhageln (hinunterfallen) oder hinhageln (hinfallen)? (Wenn man *naahagla* und *na'hagla* schriebe, wäre der Fall klar);
mir hen dees vorgessa – vorgegessen oder vergessen? *Mezgor, abbor, emmor, do semmor* für: Metzger, aber, immer, da sind wir (auf jeden Fall sind die Schreibweisen *Mezger, abber, emmer, dò semmer* lautgerechter und weniger befremdlich).

Irreführend ist es zweifellos, wenn man für die schwäbische Verkleinerungsendung in der Einzahl wie in der Mehrzahl ausschließlich *-le* schreibt. Die Aussprache der Mehrzahlendung (nur im Allgäu auch der Einzahlendung) geht fast im gesamten schwäbischen Sprachgebiet (vgl. S. 77) deutlich auf *-la* zu:

dees Mädle schbiild mit zwoi andere Mädla (nicht: *Mädle*) dieses Mädchen spielt mit zwei anderen Mädchen.

Mehrfach wird auch die Lautkombination *oa* in der irrigen Vorstellung angewandt, sie könne den zwischen beiden liegenden Einzellaut, nämlich offenes o, verkörpern! Wer liest den Satz:

Doa isch noa a Schwoab komma mit diesem Zwischenlaut? (man kann sich nur durch Einführung einer besonderen Kennzeichnung des o helfen; wir tun es durch Einführung des Gravis: *dò isch nò a Schwòb komma*).

e) Selbst im Setzen von Auslassungszeichen entlarvt sich der Murkser gegenüber dem Könner:

Fehlt etwa in dem Aufdruck *s' Blättle* einer bekannten Wurfsendung etwas h i n t e r dem s? O nein – aber es fehlt etwas d a v o r: das s ist nämlich der Rest des Wörtleins „das". Also kann der Aufdruck nur geschrieben werden: *'s Blättle.* Doch ohne Auslassungszeichen macht sich das Ganze gewiß noch einfacher und keineswegs weniger verständlich: *s Blättle!*

f) Passagen wie

i lao dees mit mir net dao,
laosch du dees mit dir dao?

entspringen reiner Spielerei, die zwar auch nett sein mag, sich aber nicht auf die Mundart berufen darf; dort kann es nur heißen:

i lass (mhd. laz) *dees mit mir net doa'* (mhd. tuon),
lòòsch (mhd. lâzest) *du dees mit dir doa'?*
für hochdeutsch:
ich lasse das mit mir nicht tun,
läßt du das mit dir tun?

Allerweltsschwäbisch

Ein allerweltsschwäbisches Kauderwelsch ergibt sich schließlich dann, wenn alle die obengenannten Sprechebenen wahllos nebeneinander verwendet und womöglich auch noch die Sprachlandschaften durcheinandergemengt werden.

Wo kaum mehr auszumachen ist, ob der Sprecher bzw. Schreiber den Honoratioren- oder den unverbildeten Volksstand verkörpert, ob er die Nagolder, die Reutlinger oder die Aalener Gegend vertritt, da kann man nicht mehr von Mundart oder gar Mundartdichtung reden. Da kann es sich allenfalls noch um Alltagskopie als Stilübung handeln. Es sei wenigstens ein abgelauschtes Beispiel gebracht:

> *Nee* (berlinerisch), *i war* (hochdeutsch) *net drbei. Dees hätt mei'm Immidsch* (amerikanisch) *gschadet. Ao andere Gsichtsponkt* (verschwäbeltes Hochdeutsch) *habet* (honoratiorenschwäbisch) *mitgspielt.*

Bedenken aller Art bei der Betrachtung der bisher eben auch üblichen Niederschrift des Schwäbischen! Leider füllen die Belege eine ganze Schublade. Aber da unsere nichtschwäbischen Leser sie kaum aufdecken können und unsere schwäbischen Leser sie meist immer noch durchgehen lassen, war es wohl angebracht, einmal ein paar davon „auf die Schippe zu nehmen".
Im übrigen soll die immer dringlichere Frage[1], wie man das Niederschreiben der schwäbischen Mundart endlich einmal zulänglicher und auch einheitlicher gestalten könnte, nicht nur der Kritik ausgesetzt, sondern im Folgenden mit Bedacht und in einer Schlußbetrachtung[2] nochmal zusammenfassend angegangen werden. Das Bestreben, sie zu lösen, ist gerade heute auch in allen anderen Mundarten offenkundig und wird beispielsweise in den Dialektbüchern des Verlages J. P. Peter, Gebr. Holstein in Rothenburg ob der Tauber schon weitgehend in die Tat umgesetzt.

Umgangsschwäbisch (Halbmundart)

Da und dort taucht schließlich im Volksmund und auch in unserem Buch noch die Bezeichnung „Umgangsschwäbisch"

[1] die in dem Buch „Warum im Dialekt?" von allen möglichen Schriftstellern aufgeworfen wird

[2] im Kapitel „Zur Lautumschrift"

bzw. „Halbmundart“ auf. Sie ist am wenigsten zu fassen, entspricht jedenfalls insgesamt keiner der bisher unter die Lupe genommenen.

Doch wird man soviel sagen können: das Umgangsschwäbische, dessen sich allmählich immer mehr Landsleute bedienen, ist ein solches, das allzu ausgefallene Wörter und Redewendungen gar nicht mehr kennt und Lautungen zu umgehen versucht, die als allzu auffallend empfunden werden.

Bei aller lokalen Färbung, die trotzdem einer solchen Sprechweise anhaftet, steht eines fest (mag man sich dessen bewußt sein oder nicht!): Richtschnur für sie ist instinktiv die Städtersprache, und hier wieder naturgemäß die stuttgarterische.

VIELERLEI SCHREIBWEISEN

Wie sieht es im Hochdeutschen aus?

Wer glaubt, daß sich der Laut und das Schriftzeichen dafür im Hochdeutschen in jedem Fall decken, ist auf dem Holzweg. Sicher, bei einfachen Wörtchen wie „ja“ oder „du“ ist das wohl so. Aber bei der Mehrzahl der anderen nicht. Das kleine Wörtchen „mich“, das in der Schreibung aus vier Buchstaben besteht (m-i-c-h), wird mit nur drei Lauten gesprochen (m + i + ein Rachenlaut, für den das Hochdeutsche keinen Einzelbuchstaben hat). Ein größeres Wort zeigt meistens noch mehr Nichtübereinstimmungen zwischen Lautung und Schreibung. Nehmen wir mal das Wort, das sich „gesetzt“ schreibt. Na also – da sprechen wir zuerst g, dann (ein zwar ziemlich unterdrücktes) e, und nun beginnt bereits das Rätselraten: kommt jetzt ein stimmhaftes oder ein stimmloses s? Da unsere Schrift für beide nur ein Zeichen, nämlich s, hat, müssen wir im „Siebs“ nachschlagen (der schreibt stimmhaftes s vor!). Wird der folgende Laut e gesprochen? Nein, sondern ä. Und werden die zwei folgenden Zeichen tz auch als zwei Laute auftreten? Nein – das t könnte glatt fehlen: das folgende z allein würde man um kein Haar anders sprechen.

Nun, wenn schon innerhalb des Hochdeutschen oft keine Dekkung aufzufinden ist zwischen dem zu hörenden Laut und dem geschriebenen Zeichen dafür, so werden wir uns darauf gefaßt machen, daß das mannigfaltigere Schwäbisch mit den Schriftzeichen, wie sie unser Hochdeutsch verwendet, noch weniger zurechtkommt, daß es sie sich mindestens zurechtlegen muß.

Wie sieht geschriebenes Schwäbisch aus?

Heute, wo wir den nötigen Überblick haben, notieren wir folgende Verfahren, die schwäbische Mundart fürs Auge festzuhalten:

1. Man behält insgesamt die hochdeutsche Schreibweise bei und zeigt nur durch Andeutung (wie Weglassen von Endungen, andere Vokabelwahl, andere Aussageweise usw.), daß Mundart und nicht Hochsprache vorliegt. Als Beispiel diene uns ein Abschnitt aus der Erzählung ‚Barfüßele' von Berthold Auerbach:

> „*Meine Gäul' sind heiß und dürfen jetzt nicht saufen. Bist du von Haldenbrunn, Mädle? Freilich! Und wie heißt du? Amrei. Und wem gehörst du? Mein Vater ist der Josenhans gewesen ... Hab' ihn gut gekannt. Ist hart, daß er so früh hat sterben müssen. Wart', Kind, ich geb' dir was! Säh! da nimm!*"

Es liegt auf der Hand, daß wir mit solcher Kennzeichnung zu wenig von der Eigenfärbung der vorliegenden Sprachprobe mitbekommen. Wir können sie zwar gerade noch dem schwäbischen Bereich zuordnen: eine nähere Lokalisierung, Einweisung in eine bestimmte Sprachlandschaft innerhalb desselben ist nicht möglich (drum sprechen wir hier auch nicht von Mundartdichtung).

2. Man richtet sich nach der hochdeutschen Schreibweise an bestimmten (in der folgenden Probe: den eingeklammerten) Stellen. So bleibt man zwischen Hochsprache und Mundart stecken:

> „*I spür's, Muetter, Dei(n) Sorg ischt et viel kleiner woere, no wird dees mit'm Kenderaufziehe ao et ganz sei(n) wie's sei(n) so(ll)t', wirst denke, und i mueß Dr jetzt doch drvo(n) schreibe. Jo, s'ischt e schwiereche Sach, woesch' jo selber. Was soll e sa? i ka(nn) et viel anderscht's sa als: I tue, was e ka(nn), Muetter!*"

Hier verwirrt das in Klammer Gesetzte (weil nicht Gesprochene) und auch die Häufung der Auslassungszeichen (für weggefallene Laute). Ue und oe können als ü bzw. ö mißdeutet werden, andererseits vermißt man eine Kennzeichnung des offenen Lautes z. B. bei *no* und *jo*.

3. Man benützt hochsprachliche Buchstaben, doch nur die, die hörbar sind, und verzichtet darauf, nicht hörbare in Klammer

zu setzen oder durch Auslassungszeichen anzudeuten. So in dem Satz:

> „*S Falla isch koi Konscht, aber s Ufschtau!* Das Fallen ist keine Kunst, aber das Aufstehen“.

Man nimmt damit den Verzicht in Kauf, anzudeuten, daß der Endlaut in *Falla* tatsächlich zwischen a und e liegt und daß das *oi* wie das *au* von ihrer Näselung nichts zeigen.

4. Man benützt eine wissenschaftlich durchdachte Lautschrift (z. B. die der Association Phonétique), die für jeden Laut, der nicht auch in der Hochsprache vorzufinden ist, ein bestimmtes Lautzeichen bzw. Lautungsmerkmal verwendet. Ein Vers von Michel Buck, so umschrieben, sähe dann so aus:

> I: ʃwɛts wi:ə mi:ər dr ʃna:bl gwaksə n iʃd
> Ond wi:ə n i:s hão fon mãẽnər mu:ədr ghaerd,
> Ond glaob, wɛar sãẽnər mu:ədr ʃbrɔ:χ ed aerd,
> Dɛar səi ʃão wɛagə dẽãm kõẽ rɛaχdr griʃd.

Michel Buck schrieb selber so:

> *I schwätz, wia miar der Schnabel gwachsa-n-ist*
> *Ond wia-n-i s hau' von meiner Muater ghairt,*
> *Ond glaub, wear seiner Muater Sprooch et aihrt,*
> *Dear sei schau' weaga deam koi' reachter Christ.*

Die phonetischen Zeichen bedeuten:

ʃ = sch
χ = ch
ə = „Indifferenzlaut“ zwischen a und e
ɛ = offenes ä
ɔ = offenes o
˜ = Merkmal für Näselung
: = Merkmal für Längung

Eine solche Lautumschrift wäre zwar die korrekteste, kommt aber normalerweise (da sie ja zuerst gekonnt sein will) weder für den Mundartschreiber noch für den Mundartleser in Frage. Sie wird nur Sprachwissenschaftlern zugemutet.

5. Man benützt nur die aus der Hochsprache gewohnten Buchstaben, hantiert aber mit ihnen so lautgetreu, daß dabei ein Schriftbild herausspringt, mit dem man erst vertraut werden muß.
Diese Art der Umschrift haben (zuerst im Oberdeutschen) die Österreicher (Artmann, Janetschek) aufgebracht, dann die Baiern (Höllteuffel, Haid) übernommen. Sie wird inzwischen auch von namhaften mitteldeutschen (Kusz) und niederdeutschen Dialektdichtern (Kreye) verwendet. Im oberdeutsch-alemannischen Raum ging Marti zu ihr über.
Im oberdeutsch-schwäbischen Raum habe ich sie erstmals (in einem am 28. 3. 68 in der Stuttgarter Zeitung gebrachten Gedicht) einzuführen versucht, nicht ohne den Widerspruch einiger meiner Landsleute gegen ein solch „absurdes" Verfahren einzuheimsen, das gleichwohl das bislang zutreffendste und zulänglichste sein dürfte.

Das Gedicht in der „Stuttgarter Zeitung" sah so aus:

drhoimd

a ghaizde schduub
a schässloo-egg
a schdanduhr wo
em herzschlag tiggd

ond ausm radio
a schwäzz
a liadle
von nägger
alb ond bodasee –

a zigarädd em xichd
ond vor dr
s òbendbladd
wo von dr wäld dir
nòòchrichd schiggd

ezz bisch drhoimd
von ällem andra
widd bis uf weiders
garnex meh

Diese allerdings auch noch durch ihre Kleinschreibung und die Weglassung der Satzzeichen zunächst befremdende Fassung ist so zu lesen, wie sie dasteht. Dann müßte sie schließlich jeder, also auch ein Nichtschwabe, ablesen können[1]. Sie weist als ein-

[1] was nicht auch schon in jedem Fall „verstehen" heißt

ziges aus der Hochsprache nicht bekanntes Lautmerkmal auf: das Graviszeichen als Hinweis darauf, daß der von ihm bedachte Selbstlaut geöffnet ist. Zu ihm gesellt sich – in dem Gedicht nicht vorkommend – lediglich noch das Auslassungszeichen an denjenigen Stellen, wo m oder n unter Wegfall ihre Spur in der Näselung des voraufgehenden Selbstlauts hinterlassen; so etwa in: *Bro'beer* Brombeere; *o'a'gnee'm* unangenehm. Im vorliegenden Buch habe ich nun diese Umschreibweise erstmals – bei Verwendung einer westschwäbischen Sprechschattierung[2] (sofern nicht ausdrücklich anders vermerkt) – durchgehend und konsequent angewandt. Nur so glaubte ich, vor allem auch nichtschwäbischen Lesern die heillose Verwirrung ersparen zu können, die sie bisher empfinden mußten, wenn ihnen Dialektschwäbisches in die Hände geriet, bei dem fast jeder Verfasser sich ein eigenes Umschreibeverfahren zurechtgelegt hatte.

Die neue Art der Umschreibung (zu der im Kapitel „Abschließende Angaben" noch etliches ausgesagt wird) könnte, trotz der bereits genannten und noch zu erwartenden Einwände, in der künftigen Mundartdichtung auch des schwäbischen Bereichs Diskussionsgrundlage sein bei den Schriftstellern, denen etwas an der längst fälligen Vereinheitlichung der gesamtdeutschen Mundartschreibung gelegen ist.

[2] der auf der Filderebene, im Schönbuch, im Heckengäu und im Oberen Gäu gesprochenen

SCHWÄBISCH UNTER DER LUPE

Die Selbstlaute insgesamt (Hauptsilben)

Fehlende Rundung

Es ist offenbar so, daß wir uns (übrigens ausgerechnet auch die Berliner) bei der Lautbildung sperren gegen etwas, das uns allzu schön geprägt und abgerundet vorkommt: was hochdeutsch fein zugespitzt und vorgewölbt angesetzt wird, lassen wir offen und schlaff. Das hat sicher etwas mit Kräftesparen (oder, warum sollen wir's nicht zugeben, mit Bequemlichkeit) zu tun. Auf die einzigen runden Laute treffen wir noch bei den nachdrücklich hervorgestoßenen Zurufen an die Zugtiere, nämlich

hü!	Aufforderung zum Losziehen
öha!	Aufforderung zum Stehenbleiben
hodüü!	Aufforderung zum Rechtsabbiegen
hüschdö!	Aufforderung zum Linksabbiegen

In allen anderen Fällen sind die Rundungen aufgehoben. Gleichermaßen werden dabei betroffen:

die einfachen Laute ö und ü:

Fresch Frösche; *Heef* Höfe; *Schissl* Schüssel; *Kiibl* Kübel;

der (im Hochdeutschen nicht vorkommende) fallende Zwielaut üe:

miad müde (mhd. müede); *Riabl* Rüpel (mhd. rüepel);

die steigenden Zwielaute äu und eu:

leida läuten; *Meis* Mäuse; *deida* deuten; *Fraid* Freude.

Wenn Nasenlaute folgen, kommt zu der Entrundung auch noch Näselung hinzu, mit Lautsenkung (vgl. nächstes Kapitel):

schee' schön; *Bee'ne* Bühne; *grea'* grün (mhd. grüen); *Hea'le* Hühnlein (mhd. hüenlîn); *rea'ma* rühmen (mhd. rüemen); *Zai'* Zäune.

Die Entrundung, die auch das Honoratiorenschwäbische (s. besonderes Kapitel) erfaßt, kann dort zu köstlichen Kombinationen führen wie:

siiße Difde fillen die Lifde süße Düfte füllen die Lüfte.
Sie kennen die scheenen Fleedenteene heeren Sie können die schönen Flötentöne hören.

Lautveränderung vor m, n (Näselung)

Es ist kein Zufall, daß die Franzosen und die Portugiesen mit uns Schwaben mindestens eines gemein haben: das Durch-die-Nase-Schwätzen. Gewisse weit zurückreichende verwandtschaftliche Beziehungen machen das verständlich.
Wann näseln wir (und bezeichnen diese Näselung, soweit nötig, durch einen Apostroph)? Nun:
So gut wie immer vor den Nasenlauten m und n, wobei das letztere vielfach wegfällt. Dafür zunächst einige Einzelwörter als Beispiele, und zwar für jeden der Einzel- oder Zwielaute, die genäselt auftreten können:

a'm am; *naa'* hin; *i kee'm* ich käme; *schee'* schön; *doo'* (Stuttgarterisch) tun; *oo'ne* ohne; *Zai'* Zäune; *Boi'* Bein; *grea'* grün; *noa'* (westschwäbisch) nein; *Zao'* Zaun.

Wie klingt nun diese Näselei im Zusamenhang? Das haben wir auf Stuttgarter Honoratiorenschwäbisch in spaßige Verse zu kleiden versucht:

Uf e'ma o'a'gnee'm grea' a'gschdrichena A'läglesbenggle
en dr o'a'gnee'm gnallicha Sommerhizz sizza . . .
e'ma o'a'gnee'm enga A'ziigle schwizza . . .
desdrwäga bei sei'm A'hang em A'bandla abblizza . . .

Wenn a soddigs O'gmaach iiber oi'n kee'm,
dees wär oi'm o'gemei' o'a'gnee'm!

übertragen:

Auf einem unangenehm grün angestrichenen Anläglesbänklein
in der unangenehm knalligen Sommerhitze sitzen,
in einem unangenehm engen Anzüglein schwitzen,
deshalb bei seinem Anhang beim Anbandeln abblitzen...

Wenn ein solches Ungemach über einen käme,
das wäre einem ungemein unangenehm!

Wir mögen die genäselte Aussprache offenbar so sehr, daß wir sie gelegentlich aus freien Stücken vornehmen, ohne daß ein ersichtlicher Grund dafür auszumachen ist:

Ein n geht immerhin voraus in:

Naa's Nase; *nee'dr* nieder; *noo'*, örtlich auch *nao'* nur (oder liegt hier mhd. nûwan mit nachfolgendem n zugrunde); *schnei'da* schneiden; *Schnei'der* Schneider.

Ein m geht voraus in:

i ma'(g) ich mag; *mee'ga* mögen.

Dagegen ist kein Nasenlaut (weder dahinter noch davor) zu ermitteln in:

a'ha'! aha! (Form der Bejahung, Zustimmung); *a'sda,* auch: *a'sed* (aus: also getan?) in Redewendungen wie: *a'sda jong* solange ich noch jung war; *a'sda ga'z* ganz und gar; *Dei'sl* Deichsel; *lei's* leise; *lei's(e)la* flüstern; *Zei'ber* (so in der Füssener Gegend) für: Ziparte, kleine Pflaumenart („aus Cypern stammend“); *Zei'sle* kleiner Zeisig; *ei'zei'sle* „einzeiseln“, umgarnen; *Zei'schdech* aus mhd. Zîwestac (von Ziu) Dienstag (Anlehnung an das ebenfalls vorhandene *Dei'schdech?*)

Anmerkung: das ebenfalls genäselte Wort *hei'd* für hochdeutsch „heute“ richtet sich nicht nach diesem, sondern nach dem mittelhochdeutschen: hin(ah)t, wo ja ein n vorhanden ist.

Lautveränderung vor r

Vor nachfolgendem r öffnet sich (wie in der Hochsprache) das kurze, vollmundartliche o. Die Öffnung sei durch den Gravis (ò) gekennzeichnet:

Orgl Orgel; *Sòrga* Sorgen; *verdòrra* verdorren; (in der Halbmundart, so in Stuttgart, bleibt das o in diesen Fällen geschlossen: *Orgl, Sorga, verdorra*);

das ö öffnet sich zu ä:

Ärgele Örgelein; *närgla* nörgeln; *därra* dörren; (Stuttgart spricht: *Ergele, nergla, derra*);

Gelängtes o wird vor r + Mitlaut zu òa, gelängtes ö zu äa gespalten:

Oard Ort; *Wòard* Wort; *vòarna* vorn(en); *Äardle* Örtlein; *Wäarder* Wörter; *Käarnle* Körnlein;
(stuttgarterisch: *Ord, Word, vorna*; *Erdle, Werder, Kernle*);

gelängtes Brechungs-e wird vor r+Mitlaut ebenfalls gespalten, und zwar zu äa:

Wäardech Werktag; *Käarnle* Kernlein; *Häarz* Herz; (stuttgarterisch: *Wärdich, Kärnle, Härz*)
(weitere Beispiele siehe bei den einzelnen Kurzselbstlauten e und ö).

Dehnung

Bei der Art, wie das Schwäbische mit den haupttonigen Selbstlauten umgeht, ist besonders ohrenfällig das In-die-Länge-Ziehen, das bis zur Spaltung gehen kann. Das Herauswuchten der gedehnten und gespaltenen Laute verleiht der Mundart besonderes Gewicht und Habhaftigkeit.
Eine Dehnung von im Hochdeutschen kurzen Selbstlauten ist festzustellen:

1. vor den Doppellauten ll, mm, nn, ff, rr, ss:

im Allgemeinschwäbischen:

Baal Ball; *haala* hallen; *iiberaal* überall; *Waal* Wall; *Fääl* Fell; *hääl* hell (gespalten: *Fäal, häal*); *vool* voll; *voolech* vollends; *veeler* völler; *Saamed* Sammet; *Ee'm* Imme, Biene; *zee'ma* zusammen; *Koo'mer* Kummer; *gwiis* gewiß; *Buus* Bissen

bei auslautendem Doppel-n erfolgt Wegfall unter Näselung des voraufgehenden Selbstlautes:

Baa' Bann; *Daa'bäasa* Tann(en)besen; *Maa'* Mann; *i kaa'* ich kann; *Vòarschbaa'* Vorspann (bei *vòarschbaa'na* vorspannen findet sich das n zur Bindung wieder ein); *Kee'* *Kinn*

im Ostschwäbischen auch in:

Haa'mer Hammer; *Hee'ml* Himmel; *Schiif* Schiff; *Suuf* Suff; *bläära* plärren; *Bschiis* Beschiß, Betrug

2. vor r + Mitlauten:

im Allgemeinschwäbischen, wobei das r oft stark zurücktritt:

Aarsch Arsch; *Baarn* (Heu)barn; *schwaarz* schwarz; *waarda* warten

Äärn Ernte; *Belzmäärde* Pelzmärte; *Wäärdech* Werktag; (gespalten: *fäarn* voriges Jahr, zu: Firn?; *Wäard* Wert;) *Geerd* Gerte; *Eerz* Erz; *Meerz* März;

Biirschdle Bürstlein und Bürschlein; *Giirdl* Gürtel; *Hiirsch* Hirsch; *Kiirscha* Kirschen; *schdiirza* stürzen; *schmiirza* schmerzen

Doord Torte; *Soord* Sorte (volkstümliche Wörter meist gespalten: *Dòarna* Dornen; *Wòard* Wort)

Duurm Turm; *Duurschd* Durst; *Guurd* Gurte; *Huurda* Hürde; *muursch* morsch; *Wuurzl* Wurzel

im Ostschwäbischen:

Maa(rg)d Markt; *Aara* Arm; *Hiira* Hirn; *Wuura* Wurm

3. vor chs und cht (wobei in der Gruppe chs das ch ausfällt):

Aasl Achsel; *Flaas* Flachs; *waasa* wachsen; *flaase, flääse* und *fleese* flächsern; *Biisle* Büchslein; *wiisla* wechseln manchmal: *Oos* Ochse mit Zeitwort *oosna; Fuus* Fuchs (nur noch selten)

nemm de en aachd nimm dich in acht (aber kurz: *bachd!* gib acht!); *Naachd* Nacht; *Waachdl* Wachtel; *näächd* vergangene Nacht; *näächdweis* und *neechdweis* nächteweis, nächtelang; *Drääckder* Trichter; *i meechd* ich möchte; *Gsiichd* Gesicht; *riichdech* richtig; *ziichda* züchten; *Doochder* Tochter; *Fruuchd* Frucht

(gespalten: *wäasla* wechseln: so auf der Alb; *fäachda* fechten; *räachd* recht)

4. vor m + Verschlußlaut, wobei das m ausfällt, aber seine Spur in der Näselung des Selbstlautes hinterläßt:

Aa'bl Ampel; *gaa'bla* gampe(l)n, schwanken, schaukeln; *Waa'b* Wampe; *Ee'bele* Ämpelein; *Hee'ber* Himbeere; *Daa'bf* Dampf; *Graa'bf* Krampf; *maa'bfa* mampfen, mit vollem Mund essen; *schdaa'bfa* stampfen; *dee'bfech* dämpfig; *gree'bfech* krämpfig (ostschwäbisch: *dai'bfech, grai'bfech*); *Schdroo'bf* Strumpf (ostschwäbisch: *Schdrao'bf*)

5. vor n + Verschlußlaut, unter Wegfall des n und Näselung des Selbstlauts:

im Allgemeinschwäbischen:

Haa'd Hand; *Kaa'd* Kanne (mhd. kante); *Saa'd* Sand; *Waa'd* Wand; *Baa'g* Bank; *Baa'gerd* Bankert, Bastard; *daa'za* tanzen; *gaa'z* ganz; *Kaa'zl* Kanzel; *Hee'dschech* Handschuh; *Ee'd* Ente; *Wee'd* Wände und Winde; *dee'ga* denken (oft auch gespalten: *dai'ga*); *Schee'gl* Schenkel; *Dee'zer* Tänzer, Kinderpielzeug; *Faulee'zer* Faulenzer; *schbree'za* sprengen, besprengen; *dree'ga* trinken (manchenorts: *drai'ga*); *Foo'g* Funke (mancherorts: *Fao'g*)

im Ostschwäbischen außerdem:

gsoo'd gesund; *Hoo'd* Hund; *laa'ng* lang (hier erhält sich das n!); in Aalen kann man die gelängte Kombination hören: *a heemlslaanger Deenger* ein himmelslanger Kerl.

6. vor n + Reibelaut, wobei auch hier das n wegfällt und den Selbstlaut näselt:

im Allgemeinschwäbischen:

Raa'fd Ranft, Rand; *Gaa's* Gans; *Waa'schd* Wanst; *Gee's* Gänse (im Ostschwäbischen in all diesen Fällen Spaltung: *ao'*, *ai'*)

bei i und u (umgelautet: ü) geht die Dehnung bis zur Spaltung:

fai'schder finster; *brai'schddala* brünsteln; *Dao'schd* Dunst

7. vor st:

Miischd Mist; *Mooschd* Most; *Gruuschd* wertloses Zeug

8. vor b und s unter Wegfall der Mitlaute in:

aa ab; *naa* hinab; *raa* herab; *waa* was

9. Besonders im Ostschwäbischen fällt die Selbstlautdehnung auch vor anderen als den obengenannten Mitlautgruppierungen auf. Die Wissenschaftler sprechen da von einer Schwerverschlußdehnung. So hören wir dort u. a.:

Kaarle Karl; *Saag* Sack; *Saalz* Salz; *Koobf* Kopf; (ein netter Merksatz fürs Heidenheimerische: *Kaarle, leeg dei'n Aara uf mei'n Koobf* Karl, leg deinen Arm auf meinen Kopf)

Anmerkung: Im stuttgarter Dialekt sind die oben angeführten Dehnungen meistens nicht mehr vorhanden. Daß aber auch sie früher hier wie im ganzen Schwäbischen heimisch waren, zeigt das Weiterbestehen von Langformen wie *i kaa'* ich kann; *Maa'* Mann; *Aarsch* Arsch; *Kee'* Kinn: *gwiis* gewiß; *Buus* Bissen; *Gruuschd* unnötiges Zeug und anderen auch noch in unseren Tagen.

Zwielautung (Spaltung) von Einlauten

Selbst Laute, die im Hochdeutschen völlig kurz auftreten, dehnen sich und passen sich ihrem folgenden Partner derart an, daß langgezogene Zwielaute entstehen, wie wir sie in Europa allenfalls noch in Portugal hören. Solche Zwielaute finden sich nicht bei a, sondern am meisten bei sogenanntem Brechungs-ë und oft auch bei sonstigen Selbstlauten, und zwar:

äa vor ll:

Fäal Fell; *häal* hell

äa und òa vor r und r + Mitlaut:

Häard Herd; *Häarz* Herz; *Schmäarza* Schmerzen; *Äardle* Örtlein; *Wäardle* Wörtlein; *fäarn* voriges Jahr (zu: Firn?); *Wäardech* Werktag; *Dòarn* Dorn; *Dòarschech* mdh. torse Stengel; *Oard* Ort; *Kòarn* Korn; *Schdòa(r)zl* Storzel, Strunk

äa vor cht, chs und chz:

fäachda fechten; *räachd* recht; *schläachd* schlecht; *wäachsla*, auch *wäasla* wechseln; *säachzge* sechzig

ao' vor n + Reibe- oder Verschlußlaut:

mao'gla munkeln, heimlich tun; *mao'gelesbrao'* munkel(es)-braun, unbestimmt braun; *Mao'gl* Munkel, ungeschickter Mensch, Tolpatsch; *ao's* uns; *ao'sga* „unsgen", kläglich jammern; *Brao'schd* Brunst; *Dao'schd* Dunst; *grao'za* grunzen; *mao'za* munzen, Katzentöne von sich geben

ai' vor n + Reibelaut:

fai'f fünf; *Lai'sa* Linsen; *Zai's* Zins; *brai'schdala* brünsteln; *fai'schder* finster; *Gwai'schd* Gewinst, Gewinn; *wai'scha* wünschen

ea' vor m und n (ohne und mit Reibelaut):

nea'ma nehmen; *gea'* ge(be)n; *Fea'schdr* Fenster

Einlautung von Zwielauten

Verschiedentlich werden Zwielaute auf einen einzigen zurückgenommen. Dieser Einlaut ist lang

vor m in:

droo'ma träumen; *schoo'ma* schäumen; *soo'ma* und *see'ma* säumen; *u(u)froo'ma* aufräumen; *Boo'm Bee'm* Baum Bäume; *Droo'm Dree'm* Traum Träume; *Schoo'm Schee'm* Schaum Schäume; *Soo'm See'm* Saum Säume; *Zoo'm Zee'm* Zaum Zäume

In etlichen Fällen tritt sogar noch Kürzung ein, so:

vor l + Mitlaut in:

òlf elf (mdh. eilf); *Hòlga* und *Hälgle* (zu: heilig) für: (Heiligen)bild und -bildlein

vor m und n in:

Bflomm Pflaume; *mei' domma Fenger* (auch: *mei' dommer Fenger*) mein Daumen; auch: *Schomm* Schaum; *onnawäag* einen Weg, d. i. trotzdem
auf der Alb auch in *homm* (auch: *hamm* und sogar *wamm*) heim; *Ommer* Eimer; *monna* meinen

vor s:

manchenorts in: *i wass* oder auch *i woss* ich weiß.

Kurzerhaltung bei im Hochdeutschen gedehntem Selbstlaut

Sie zeigt sich im Allgemeinschwäbischen

vor p, t, k:

habbera hapern; *wadda* waten; *gwagga* quaken; *bädda* beten; *Äggl* Ekel; *gnedda* kneten; *blegga* blöken; *Obber* Oper; *Bodd* Bote; *Lidder* Liter; *Bärmadeggl* (mit e statt i!) Perpendikel; *hubba* hupen; Ra. *ondr d Lubba nea'ma* unter die Lupe nehmen

vor m:

schemma schämen; *Schemml* Schemel; Ra. *en Gods Namma* in Gottes Namen

vor Mitlauthäufung, wie sie bei Hinzutreten eines weiteren Wort(teil)s oder in der Zeitwortbeugung auftritt:

Jaggd Jagd (aber: *jaaga*); *Äbbhai* Efeu; *Läbbkuacha* Lebkuchen; *Räbbhoa'* Rebhuhn; *Schubblaad* Schublade; *se hend* sie haben; *a weng* ein wenig; *verlobbd* verlobt; *nòche, nòchr* nachher (aber: *nòòch*)

In der Umgangssprache von Stuttgart und um Stuttgart herum findet sich kurzer Selbstlaut auch sonst noch in manchen Wörtern, so

vor b und d:

abber aber; *äbba* eben darum; *gäbba* geben (vollmundartlich gää); *Schbennawäbba* Spinnweben; *endweddr* entweder; *weddr* weder; *widdr* wieder; *oddr* oder

vor l und m in:

holla holen; *nemma* nehmen

Wechsel des Stammselbstlauts

Umlaut

Mit dem Ausdruck Umlaut belegt man den Vorgang, daß (durch ein im Mittelhochdeutschen noch vorhanden gewesenes i in der Folgesilbe) der Stammlaut eines Haupt-, Eigenschafts- oder Zeitworts sozusagen in die Höhe gezogen wird.
Der Umlaut betrifft folgende mundartlichen Einzel- und Zwielaute:

a, das zu ä oder e gehoben wird:

Schlag, Schlägle Schlag, Schläglein; *Dach, Decher* Dach Dächer

o, das (über ö) zu e gehoben wird:

Loch, Lecher Loch, Löcher; *hool, Heele* hohl, Höhle

ua (mhd. uo), das (über üe) zu ia wird:

Wuad, wiadech Wut, wütend

au (mhd. û), das (über äu) zu ei wird:

schrauba, Schreible und *Schreifle* schrauben, Schräublein

ao (mhd. ou), das (über öu) zu ai wird:

Laof, laifech Lauf, läufig

òa (nur in der Mundart), das zu äa wird:

wòach, wäacher weich, weicher

BRECHUNG

Als Brechung wird der Vorgang bezeichnet, bei dem (beeinflußt durch die Laute in der Folgesilbe)

mundartlich ä (mhd. ë) mit i wechselt:

brächa, r brichd brechen, er bricht; *hälfa, Hilfe* helfen, Hilfe; *dräffa, du driffschd* treffen, du triffst

mundartlich ia (mhd. ie) mit ui, in manchen Gegenden auch mit ii und uu (mhd. iu) wechselt:

ziaga, du zuischd, ziischd, zuuschd ziehen, du ziehst (stuttgarterisch ohne Brechung: du ziagschd).

ABLAUT

Unter den Begriff Ablaut reiht man schließlich das Wechseln der Stammlaute in den verschiedenen Klassen der starken Zeitwörter ein. Da gibt es dann fünf Ablautskombinationen, nämlich:

ei (mhd. î) neben i, bzw. ii:

i greif, griffa ich greife, gegriffen; *i bleib, bliiba* ich bleibe, geblieben

ui (mhd. iu) neben o, bzw. oo:

i buid (stuttgarterisch: *biad*), *bodda* ich biete, geboten; *i buig* (stuttgarterisch: *biag*), *booga* ich biege, gebogen

e (mhd. i) neben o (mhd. u):

i schwemm, gschwomma ich schwimme, geschwommen; *i ben(d), bonn(d)a* ich binde, gebunden i neben o bzw. oo:

i nemm (mhd. *nime*), *gnomma* ich nehme, genommen; *i schdiil* (mhd. *stile*), *gschdoola* ich stehle, gestohlen

i neben ä, bzw. äa:

i dridd, drädda ich trete, getreten; *i liis, gläasa* ich lese, gelesen

Anmerkung 1: Daß im Schwäbischen manche Mittelwörter der Vergangenheit in anderen Ablautskombinationen vorzufinden sind, lese man auf Seite 128ff. nach.
Anmerkung 2: Soweit es bei den obengenannten – und anderen – Zeitwörtern noch die Möglichkeitsform und bei dieser eine dritte Kombinationsart im Ablaut gibt, ist dies im Kapitel „Zeitwörter und ihre Biegung" nachzusehen.

Umlaut, wo das Hochdeutsche keinen hat

Das Schwäbische mag offenbar den Umlaut (die Selbstlautveränderung durch Höherziehung) besonders in Fällen, wo im Mittelhochdeutschen ein i in der Folgesilbe auftrat (hd. Gast, mhd. gast; hd. Gäste, mhd. gesti), mehr als das Hochdeutsche das tut. So wird in unserer Mundart

a zu ä(ä) (jüngerer Umlaut)

in Mehrzahlformen:

Schääf Schafe; *Mauldäscha* Maultaschen (eine schwäbische Leibspeise); *Bälga* Balken; *däägweis* tageweis

in Grundwörtern:

ächd(a) acht; *jächdla* jagen; *Gädder* Gatter; *schwäzza* schwatzen; *Hääbera* Haber; *Hääfner* Hafner; *älles* alles; *Äscha* Asche; *wäscha* waschen

bei der Biegung:

i därf ich darf

a zu e(e) (jüngerer Umlaut) in:

meegerer magerer; *Eemòas* (neben *Oomòas*) Ameise; *Bsezze* Besatz; *fleese* flächsern, flachsfarben; *gheed* gehabt; *du mechschd* du machst;
genäselt: *Nee'ma* Namen; *zee'ma* zusammen; *Hee'dschech* Handschuhe; *se hend* sie haben

o über ö zu e(e) in:

deeba toben; *Bedde* Botin; *deerd* dort; *Keschda* Kosten; genäselt: *Mee'dech* Montag

Anmerkung: bei *wella* für hd. wollen liegt bereits mhd. wëllen vor.

u über ü zu i in:

Dibbl Schimpfwort Düppel neben Duppel; *wille* wüllen, wollen (*boo'wille* baumwollen); *driggna* trocknen (mhd. trücknen)

au über äu zu ai in:

Daife Taufe

mhd. uo über üe zu ia in:

riafa rufen (mhd. ruofen).

Unsere Mundart kennt – in ihrer westschwäbischen Formung – einen Umlaut, den das Hochdeutsche gar nicht aufweist. Da wird: mhd. ei über ò(a) zu ä(a) in:

Hòlga (Heiligen)bild; *Hälgle* (Heiligen)bildlein; *bròad* breit; *bräader* breiter; *hòaß* heiß; *häaßer* heißer; *Schdròach* Streich; *Schdräach* Streiche; *wòach* weich; *wäacher* weicher; *Wäache* Weichheit

Kein Umlaut, wo das Hochdeutsche einen hat

Wir – soweit wir „Hiasige“ sind – überlegen es uns natürlich nicht in jedem Einzelfall, ob wir umlauten: wir machen das instinktiv richtig, das ist uns von jung auf mitgegeben. Aber „Hereingeschmeckte“ werden, nach dem Aufnehmen des letzten Kapitels, verwirrt sein zu erfahren, daß es auch etliche Fälle gibt, wo der Schwabe im Gegensatz zu hochdeutsch Sprechenden das Umlauten bleiben läßt.

So liegt es uns mehr, u statt ü in den Mund zu nehmen, etwa in:

> *Budda* Bütte; *bugga* bücken; *Brugg* Brücke; *Gluschda* Gelüsten; *Huurda* Hürden; *Kuche* Küche; *Luuge* Lüge; *nuzza* nützen; *schlubfa* schlüpfen; *schnuffla* schnüffeln

und o ziehen wir dem ö vor; so in:

> *gonna* gönnen; *gwoo'd* gewöhnt

Auch wo wir in der Mundart, anders denn in der Hochsprache, Einzel- statt Zwielaute verwenden, sind diese gelegentlich nicht umgelautet, wie in:

> *droo'ma* träumen; *schoo'ma* schäumen

Und wo wir in der Mundart, im Gegensatz zur Hochsprache, Doppellaute setzen, kann der Umlaut ebenfalls fehlen. Beispiele dafür:

> *fuadera* füttern; *Schualer(bua)* Schüler

Anderer Selbstlaut als im Hochdeutschen

Der im Mittelhochdeutschen vorgegebene Wechsel zwischen o und u (Brechung) gibt unserer Mundart die Möglichkeit, anders als üblich zu verfahren.

So notieren wir:

> *robfa* rupfen; *zobfa* zupfen; *Dogglmeiser* Duckmäuser; *schmozzla* schmutzeln, d. i. schmieren

aber auch:

> *Grubb* Groppe (Fischart); *drugga* trocken; *Duus* Dose; *muursch* morsch

In beiden Silben genau umgekehrt wie die hochsprachliche Entsprechung wird behandelt das Wort:

Hondsfudd Hundsfott

Auch wo es um e oder i geht (ebenfalls: Brechung), entscheidet sich das Schwäbische öfters auf seine Weise; wir hören u. a.:

i statt e in:

billa bellen; *schmiirze* schmerzen; *wiisla* wechseln

u statt e bzw. i in:

i wur(d) ich werde; *du wursch(d)* du wirst; *r wurd* er wird

o statt i in:

bschnodda beschnitten, enganliegend, zu klein oder zu kurz

öö (ee) statt ü in:

beegla, also: bögeln statt: bügeln

ää statt i in:

Dräächder Trichter

Sproß-Selbstlaute

Manchmal sprossen Selbstlaute – vor allem, wenn jemand besonders langsam, laut und eindringlich spricht – zwischen den Lauten ihrer Umgebung auf. Wörter, in denen wir dies feststellten, waren jeweils solche, in denen sich das Sprechen von einem Fließlaut (r, l) weg oder zu einem Fließlaut hin bewegte; der sich einstellende Sproßlaut lag einmal näher bei a, ein andermal näher bei e:

Aram Arm; *Wuram* Wurm; *Farab* Farbe, *areg* arg; *Mareg* Mark; *durech* durch; *Furech* Furche; *Kallech* Kalk; *Millech* oder *Millach* Milch; *Zwillech* Zwilch; *Schwällemle* Schwälmlein, Schwälblein; *Ao-er* Ohr; *miar* mir; *vòar* vor; *mòarn* morgen

Ein Wort, das gleich zwei Sproßselbstlaute aufweist (und dazuhin noch den Mitlaut t wegschleift) ist der Ortsname

Aoarschluzza mundartlich für: Ostelsheim
(auch wenn jemand weniger nachdrücklich bloß *Aoschlza* sagt, wird man noch Schwierigkeiten haben, hinter die wirklich vorliegende Lautung zu kommen).

Anmerkung 1: In r- oder l-haltigen Wörtern macht sich besonders im Ostschwäbischen der Sproßlaut (unter Wegfall des ihm folgenden Nasenlauts) selbständig: *Ara, Hira, Wura, Hala* Arm, Hirn, Wurm, Halm.

Anmerkung 2: Wo Mittelwörter der Vergangenheit vorliegen wie *glached* gelacht oder *draifled* geträufelt, handelt es sich nicht um Sproßlaute, sondern um Beibehaltung alter Sprechformen: ahd. gilahhit, gitroufilit. Einen echten Sproßlaut haben wir dagegen vor uns, wenn er sich schon vor der Endung zeigt wie in *gmerregd* gemerkt.

Ab- und ausgefallene Selbstlaute

Wenn auch auf der einen Seite (wie wir im vorigen Kapitel sahen) zwar Selbstlaute auf- bzw. hinzusprießen und so die Silbenzahl eines Wortes vermehren, so ist doch die Tatsache, daß Selbstlaute unterdrückt werden und sich so ein Wort silbenmäßig verkürzt, ungleich größer. Das ist im Schwäbischen vorwiegend beim e der Fall, aber gelegentlich auch bei anderen Selbstlauten.

e-Ausfall notieren wir

in der Biegung:

dr Aff der Affe; *des Aog* dieses Auge; *a Jud* ein Jude; *dia Schwenz* die Schwänze

in Vorsilben:

bacha gebacken; *dauschd* getauscht; *gässa* gegessen; *gobferd* geopfert; *gloffa* gelaufen; *gnomma* genommen

Ausfall hochdeutsch anderer Selbstlaute (die allerdings im Mittelhochdeutschen auch als e erschienen):

a weng ein wenig (mhd. wenec); *z ald* zu alt (mhd. ze alt)

Anmerkung: Es ereignet sich jedoch auch bisweilen, daß ein Selbstlaut hinzutritt wie beispielsweise in *amòòle* einmal, oder in dem mit besonderem Nachdruck versehenen *edda* (gegenüber sonstigem *edd*) für: nicht.

Die Selbstlaute der Hauptsilben im einzelnen

Kurze Selbstlaute

kurzes a wird gedehnt

vor ll, mm und nn:

haala hallen; *Saa'med* Sammet; *baa'na* bannen; im Ostschwäbischen auch: *Kaa'm* Kamm; *Haa'mer* Hammer

vor r + Mitlaut:

Gaarn Garn; *schwaarz* schwarz

vor chs und cht:

Aasl Achsel; *Naachd* Nacht

vor m und n + Mitlaut (unter Wegfall der Nasenlaute):

Aa'bl Ampel; *Haa'd* Hand

im Ostschwäbischen vor „Schwerverschluß":

Kaalb Kalb; *aald* alt; *laang* lang; *Saag* Sack

kurzes a wird umgelautet zu ä:

Äscha Asche; *Bälga* Balken

kurzes a wird gespalten zu ao' vor nf und ns im Ostschwäbischen und sonstwo:

Gao's Gans; *Hao'f* Hanf

kurzes a wird zu o im Allgäu vor mpf in:

Dombf Dampf

kurzes ä wird allgemeinschwäbisch gedehnt

vor ll:

Bääle Bällchen

vor r + Mitlaut:

Määrde Martin

vor chs und cht:

flääse flächsern; *Näächd* Nächte

vor m und n + Mitlaut (unter Wegfall der Nasenlaute und Verengung zu ee'):

gree'bfech krämpfig; *Dee'zer* Tänzer (Kinderspielzeug)

im Ostschwäbischen vor Schwerverschluß (mit altem Umlaut ee):

eelder älter; *leenger* länger

kurzes ä wird gespalten zu ai' im Ostschwäbischen (und auch sonst manchenorts):

vor m und n + Mitlaut:

dai'bfa dämpfen; *Gai'sle* Gänslein

kurzes e, soweit es im Hochdeutschen offen (d. h. wie ä) gesprochen wird, schließt sich im Schwäbischen in der Regel zu e:

Bedd Bett (hd. Aussprache: Bätt); *eng* eng (hd. Aussprache: äng); *geschderd* gestern (hd. Aussprache: gästern); *Hefd* Heft (hd. Aussprache: Häft); *Sennef* Senf (hd. Aussprache: Sänf)

doch verbleiben uns auch Wörter, wo es sowohl hochdeutsch wie auch mundartlich als ä erscheint, so z. B. in:

Fäschd Fest (Aussprache: Fäst); *Mässr* Messer (Aussprache: Mässer); *nädd* nett (Aussprache: nätt)

kurzes e längt sich zu ee

vor r + Mitlaut:

Geerd Gerte

vor n + Mitlaut (unter Näselung):

dee'ga denken; *schbree'za* sprenzen = sprengen, bewässern (im Ostschwäbischen und um Tuttlingen hört man in diesen Fällen gespaltenes ai': *dai'ga, schbrai'za*)

vor mm (unter Näselung) im Ostschwäbischen:

Hee'med (gegenüber sonstigem: *Hemmed*) Hemd

kurzes e spaltet sich – soweit es Brechungs-ë war – zu äa (das in Albgegenden oft wie ja klingt)

vor chs, cht und r (+ Mitlaut):

wäachsla wechseln; *fläachda* flechten; *wäar* wer; *Käarnle* Kernlein; *Wäard* Wert

vor ll:

Fäal Fell; *Häale* Helle, Helligkeit

vor Schwerverschluß im Ostschwäbischen:

Dräag Dreck

vor sonstigem Doppellaut in manchen Gegenden:

äabber mhd. etewer, jemand; *fräassa* fressen; *Wäaddr* Wetter

kurzes e wechselt gelegentlich mit i:

billa bellen; Redensart: *biddla ond bäddle* „bitteln" und „betteln"; *Bridd* Brett.

Anmerkung 1: Wo die Lautung *ja* auftritt, kann man eigenartige Kombinationen bilden wie: *bei djam Wjaddr hòd m jabber jabbes zom Jassa bròòchd* bei dem Wetter hat ihm jemand etwas zum Essen gebracht, oder: *des Fjal ischd en dr Hjale gjal* dieses Fell ist in der Helle gelb.

Anmerkung 2: Daß gespaltenes äa nochmals verändert wurde, und zwar zu ai, zeigt sich in dem gelegentlich (so um Tübingen) zu hörenden Wort *Aibiira* gegenüber sonstigem *Äabiira* für Erdbirnen = Kartoffeln.

kurzes i dehnt sich zu ii

vor ch: *ii* ich; *dii* dich; *mii* mich (betont)
vor ch + t: *Gsiichd* Gesicht; *Gschiichd* Geschichte; *riichda* richten
vor r + sch: *Hii(r)sch* Hirsch; *Kii(r)sch* Kirsche
vor Doppel -s (ß):
ostschwäbisch durchweg: *Biis* (Ge)biß; *Riis* Riß
allgemeinschwäbisch: *gwiis* gewiß; *Gschiiß* „Geschiß", Getue

kurzes i senkt sich zu e

vor Nasenlaut: *schlemm* schlimm; *Fenger* Finger; *schenda* schinden (keine Senkung in Oberschwaben)
nach n in: *ned* nicht; *nex* nichts; *nergez* nirgends
in den nebentonigen Fürwörtern: *e* ich; *de* dich; *me* mich; *se* sich

kurzes i dehnt und senkt sich zugleich zu ee'

vor Doppelnasenlaut oder vor n + Verschlußlaut: *Ee'm* Imme; *Kee'* Kinn; *hee'ga* hinken; *Wee'd* Wind

kurzes i dehnt und spaltet sich (unter Näselung) zu ai'

vor n manchenorts in: *ii bai' hai'* ich bin hin
vor n + Reibelaut (allgemeinschwäbisch): *fai'schdr* finster; *Zai's* Zins
vor n + Verschlußlaut (manchenorts, so auf der Alb): *drai'ga* trinken; *Wai'dr* Winter

kurzes i wird zu u

nach w in: *i wur, du wurschd, r wurd* ich werde, du wirst, er wird

kurzes i wird über u zu o gesenkt vor n in: *monzech* winzig (daß w hier als m auftritt, dazu vgl. Kapitel „Reibelaut w").

j

Bei diesem, mittelhochdeutsch auch im Inlaut vorhandenen Halbselbstlaut, den das Hochdeutsche meist zu i (auch zu h) verformt oder ganz aufgelöst hat, ist lediglich bemerkenswert, daß er sich im Schwäbischen öfters zu g verwandelt:

bliaga blühen, mhd. blüejen; *briaga* brühen, mhd. brüejen; *Lennabliags* Lindenblüte; *Ilga* Lilien; *Ufamärgaleida* Ave-Maria-läuten

kurzes o

das man hochdeutsch durchweg offen spricht, bleibt auch im Schwäbischen (doch nicht in Stuttgart) offen

vor Doppel-r: *vrdòrra* verdorren; *schnòrra* schnorren
und vor r + g: *bsòrga* besorgen; *Orgl* Orgel

sofern es nicht in diesen und in allen sonstigen Fällen gespalten als òa erscheint (das bisweilen wie wa klingt):

vrdòarra verdorren; *schnòarra* schnorren; *òa(r)dalech* ordentlich; *Wòard* Wort; *bsòarga* besorgen; *Oargl* Orgel; *vòarna* vorn(en)
(in Stuttgart hier überall geschlossenes o!)

Anmerkung: In Gegenden (so auf der Alb), wo *wa* heimisch ist, dürfte man nicht erstaunt sein, einen Satz zu hören wie: *r schbiild mwarga uf dr Dwarlfenger Wargl* er spielt morgen auf der Tailfinger Orgel.

kurzes o bleibt geschlossen

vor Doppelverschlußlauten: *nobba* noppen, flicken; *noddla* notteln, hin- und herbewegen; *Schdogg* Stock
und vor anderen Mitlautkombinationen: *schdobfa* stopfen; *Gold* Gold

kurzes o wechselt gelegentlich mit u:

drugga trocken; *furd* fort; *Jubb* Joppe

kurzes o längt sich zu oo vor Doppel-l, vor chs und cht und vor st:

vool voll; *Oos* (selten) Ochse; *Doochdr* Tochter; *Mooschd* Most
im Ostschwäbischen auch vor Schwerverschluß: *Roog* Rock; *Schdoog* Stock

kurzes ö

das im Hochdeutschen offen klingt, erweitert sich zu ä (nicht in Stuttgart):

vor Doppel-r: *därra* dörren
und vor r + g: *Ärgele* Örgelein; *närgla* nörgeln

sofern es nicht in diesen und in allen sonstigen Fällen gespalten als äa auftritt (das bisweilen wie ja klingt):

däarra dörren; *Wäardle* Wörtlein; *Äargele* Örgelein; *Häarner* Hörner

kurzes ö wird ganz allgemein zu e entrundet (vgl. Kap. „Fehlende Rundung“):

Hefd Gehöft; *Leggle* Löcklein; *kenna* können

kurzes ö entrundet und längt sich zugleich vor Doppel-l, vor chs und cht und vor st:

veeler voller; *Eesle* Öchslein; *Deechderle* Töchterlein; *Meeschdle* Möstlein

kurzes u wurde zu o gesenkt

vor Nasenlauten: *bomba* pumpen; *bromma* brummen; *donggl* dunkel; *Fonzl* Funzel, Trüblicht; *gsond* gesund (keine Senkung in Oberschwaben)

kurzes u längt sich

vor r + Mitlaut: *Duurn* Turm; *Wuurzl* Wurzel
vor cht: *Fruuchd* Frucht; *Suuchd* Sucht
(in Stuttgart unterbleibt die Längung: *Durm, Wurzl, Fruchd*)

kurzes u spaltet sich zu ao':

vor n + Mitlaut: *mao'gla* munkeln, heimlich reden; *grao'za* grunzen
im Gäu in: *ao's* uns
manchenorts in der Vorsilbe un-: *ao'guad* ungut; *ao'selech* unselig, unbändig, unartig

kurzes u wechselt gelegentlich mit o:

Dogglmeiser Duckmäuser; *schmozzla* schmutzeln, d. i. schmieren; *zobfa* zupfen

kurzes ü wird grundsätzlich zu i entrundet:

Gligg Glück; *libfa* lüpfen, hochheben; *schiddla* schütteln

kurzes ü wird zu mehr oder weniger genäseltem e gesenkt vor Nasenlaut:

demmer dümmer; *denn* dünn; *Schbreng* Sprünge

kurzes ü wird zu ai' gespalten vor der Kombination Nasen- + Reibelaut:

brai'schdela brünsteln; *wai'scha* wünschen

kurzes ü wird entrundet und gedehnt:

vor chs und cht: *Biisle* Büchslein; *Friichdle* Früchtlein
vor r + Mitlaut: *Giirdl* Gürtel; *schdiirza* stürzen

kurzes ü erscheint ohne Umlaut als u in vielen Wörtern, unter ihnen:

Budda Bütte; *bugga* bücken; *Mugg* Mücke, *nuzza* nützen; *schlubfa* schlüpfen; *schnuffla* schnüffeln; *Burger* Bürger; *Kuche* Küche; *Buschl* Büschel; *Gluschda* Gelüsten

Lange Selbstlaute

langes a

im Hochdeutschen meist nicht durch Doppelschreibung gekennzeichnet, wird, sofern es bereits im Mittelhochdeutschen als â auftrat,

(wenn durch den Mundraum gesprochen)

allgemeinschwäbisch verdumpft zu òò:

blòòga plagen; *Fròòß* Fraß; *Oòdem* Atem; *Schòòf* Schaf;

verkürzt zu ò vor Mitlauthäufung:

bòrrfeß barfuß

ostschwäbisch und auch sonstwo zwiegelautet zu ao:

amaol einmal; *Schaof* Schaf; *Waog* Waage

(wenn durch die Nase gesprochen, also vor m und n)

allgemeinschwäbisch zu oo':

Joo'mr Jammer (mhd. jâmer); *Oo'mòas* Ameise; *Grea'-schboo'* Grünspan

ostschwäbisch und auch sonstwo zu ao':

Grao'm Kram; *Sao'ma* Samen; *ao'ne* ohne

hochsprachlich langes a (dem mhd. nur a zugrundelag) bleibt gekürzt insbesondere

vor den einfachen Mitlauten k, p, t:

gwagga quaken; *habbera* hapern; *Hoa'mad* Heimat; *wadda* waten

und vor Mitlauthäufungen:

Hemmlfarrd Himmelfahrt; *wadschla* watscheln; *Wallfisch* Walfisch

langes a erscheint kurz auch sonst, etwa in:

Schbaß Spa(a)ß; in der Redensart: *en Godds Namma* in Gottes Namen (alleinstehend allerdings: *Naa'ma* bzw. *Nee'ma*).

langes ä

im Hochdeutschen ebenfalls nicht durch Doppelschreibung ausgedrückt, bleibt, wie dort, ää:

Grääbala Gräbelein (Mehrzahl); *Schääfle* Schäflein (Einzahl); *Schdräässle* Sträßlein (Einzahl)

Langes ä wird aber in manchen Gegenden auch als ai angetroffen, so im Gäu und im Ostschwäbischen:

baja bähen; *maja* mähen; *Schaifle* Schäflein

Durch die Nase gesprochen vor m und n erscheint langes ä als ee', ostschwäbisch und im Gäu als ai':

jee'merlech jämmerlich (mhd. jaemerlich); *Schbee'le* bzw. *Schbai'le* Spänlein

Altumgelautet tritt langes ä als ee auf:

Neegl Nägel

Kurz erscheint langes ä vor k, p, t und vor Mitlauthäufung:

mäggla mäkeln; *Schäbbele* zu französisch: chapeau, Häublein; *Vädderle* Väterlein; *däddschla* tätscheln

Kurz ist langes ä auch gelegentlich sonst, so in:

Märr Mähre; *Schendmärr* (Schimpfwort) Schindmähre; *(g)schbässech* spa(a)ßig

langes e

das im Mittelhochdeutschen noch kurz war (sogenanntes Brechungs-ë), wird in ländlichen Gebieten fast immer zu äa gespalten, in städtischen nur geöffnet zu ää:

läaba, lääba leben; *Fräafl, Frääfl* Frevel; *räanga, räänga* und *räägna* regnen

Geschlossen, wie im Hochdeutschen, bleiben nur einige Wörter, so:

eeba eben(erdig); *leedech* ledig

Vor Verschlußlaut oder Mitlauthäufung öffnet und verkürzt sich langes e zu ä:

Äggl Ekel; *gnädda* kneten; *Schbennawäbb* Spinn(en)webe; *Läbbkuacha* Lebkuchen; *Räbbhoa'* Rebhuhn
im Stuttgarterischen auch in: *drädda* treten, *gäbba* geben

langes e, ee, eh des Hochdeutschen erscheint dagegen, sofern es im Mittelhochdeutschen bereits lang war (ê)

im Westschwäbischen als ai:

kaira kehren; *Schnai* Schnee; *zairschd* zuerst

im Oberschwäbischen als äa:

käara kehren; *Schnäa* Schnee; *zäarschd* zuerst

im Mittelschwäbischen unverändert als ee:

keera kehren; *Schnee* Schnee; *zeerschd* zuerst

im Gesamtschwäbischen haben kurzes e die Wörter

Heffa Hefe; *Schemml* Schemel; *emda* (mhd. êmeden) öhmden; in Stuttgart auch: *nemma* nehmen; *Werrmuud* Wermut

Anmerkung: Als Kuriosum ist zu notieren, daß bis in die jüngste Zeit hinein die Wörter Lehrer, Seele und ehrlich in katholischen Gegenden als *Leerer, Seele, eerlich* gesprochen werden, in evangelischen dagegen als *Läärer, Sääle, äärlich* (soweit sie nicht noch mit ai – *Lairer, Sail, airlech* – anzutreffen sind).

langes i

das im Hochdeutschen, wenn nicht mit einfachem i, so vielfach durch ie widergegeben wird, zeigt sich im Schwäbischen im allgemeinen mit ii. Interessant sind nur einige Sonderfälle

mit ei manchenorts in:

veil viel

mit ia vor r in den Formen:

miar mir und wir; *diar* dir; *iar* ihr

mit ai' vor Nasenlaut da und dort in:

Bai'le Bienlein

mit ee nach Nasenlaut:

needer nieder; *nex* nichts

kurz vor Verschlußlaut:

Lidder Liter

kurz auch vor Mitlauthäufung:

in Stuttgart: *Virrdele* Viertelein (das übliche Weinmaß); *virrzich* vierzig

langes o

sofern nicht wie in der Hochsprache auftretend *soo* so; *Moode* Mode; *Hoosa* Hosen, erscheint

allgemeinschwäbisch

als Zwielaut ao: *Aoschdera* Ostern; *Braosama* Brosamen; *raod* rot; *Raor* Rohr; *Raosa* Rosen (Stuttgart hat hier überall: oo)

genau umgedreht als òa im Ostschwäbischen:

Dròaschd Trost; *ròad* rot; *Ròar* Rohr; *Ròasa* Rosen

als òa auch im Gesamtschwäbischen vor r:

bòara bohren; *vòar* vor (Stuttgart indes: *voor;* ober- und ostschwäbisch *vòòr*)

als ao' vor Nasenlaut:

schao' schon; gelegentlich in: *ao'ne* ohne; *Lao'* Lohn (Stuttgart: *scho, oone*)

kurz, besonders vor Verschlußlaut:

bodda geboten; *Obber* Oper; *Voggd* Vogt;
auch sonst, etwa in: *Soffa* Sofa

kurz, auch vor Mitlauthäufung, besonders in der Stadtsprache:

Vorrdail Vorteil (dagegen: *voor* vor); *wolfl* wohlfeil (dagegen: *wool* wohl)

Wechsel mit u:

Duus (Schnupftabaks-)Dose

langes ö

allgemeinschwäbisch zwiegelautet zu ai:

vor r: *Aier* Öhr; *haira* hören; *ghaira* gehören; *Rairle* Röhrlein

sonst: *blaid* blöde, durchgescheuert; *flaiza* flözen; *naidech* nötig

ostschwäbisch zwiegelautet zu äa:

dräaschda trösten; *häara* hören; *Räasle* Röslein

allgemeinschwäbisch entrundet und mehr oder weniger durch die Nase gesprochen vor n:

schee' schön; *Daaglee'ner* Taglöhner

in manchen Gegenden auch zwiegelautet zu ai':

schai' schön; *Daaglai'ner* Taglöhner

doch im Ostschwäbischen umgedreht als ea':

schea' schön; *Daaglea'ner* Taglöhner

manchmal nicht umgelautet:

gwoo'd gewöhnt

kurz vor Verschlußlaut:

blegga blöken; *Gneddle* Knötlein

und vor Mitlauthäufung wie in:

emda öhmden (doch: *Eemd* Öhmd)

langes u

Soweit es sich nicht wie in der Hochsprache verhält (*huudla* hudeln, etwas überstürzt tun; *Suud* Sud; *Uufr* Ufer), tritt es in verschiedener Gestalt auf:

zu au gespalten:

in dem Wort *dauza* duzen; danach manchenorts auch noch *dau* du

zu ua umgeformt, wo mittelhochdeutsch uo vorlag:

Bluad Blut, mhd. bluot; *gnuag* genug, mhd. genuoc; *suacha* suchen, mhd. suochen

zu oa' umgeformt, wo mittelhochdeutsch uo, gefolgt von Nasenlaut, stand:

doa' tun, mhd. tuon; *Hoa'* Huhn, mhd. huon

kurz vor Verschlußlaut und Mitlauthäufung:

hubba hupen; *Schiffslugg* Schiffsluke; *schnuddelech* „schnutelig", fahrig, überstürzt; *Schubblaad* Schublade

langes ü

Als sehr ohrenfällig notiert man in sonstigen deutschen Landen, daß wir Schwaben diesen schwer und nur mit Kraftaufwand (Mundzuspitzung) zu sprechenden Laut zu ii erschlaffen lassen:

iiblghairech übelhörig; *Kiibl* Kübel
(auf diesen „Entrundung" genannten Vorgang wird noch mehrmals eingegangen)

zu ia umgeformt, finden wir den Laut, wo mittelhochdeutsch noch üe vorhanden war:

blia, auch *bliaga* blühen, mhd. blüejen; *hiada* hüten; *Giade* Güte

ea' findet sich im ebengenannten Fall, wenn noch ein Nasenlaut folgt:

grea' grün, mhd. grüen; *Hea'le* Hühnlein, mhd. hüenlîn

Zwielaute

Das geschriebene Hochdeutsch kennt vier bzw. sechs Zwielaute, nämlich:

au – das aber ao gesprochen wird! – in Wörtern wie: bauen, Maus, kaufen, Laub

ai bzw. ei – die beide gleich, als a-e, gesprochen werden! – in: Mai; bleiben, Zeit

äu bzw. eu – die beide im Sprechen ebenfalls gleich, nämlich wie òü, klingen – in:
Häuser, läuten; heute, Leute

ui – dieses allerdings nur in den beiden lautmalerischen Wörtern hui und pfui

Wenn man diese Zwielaute – ihrer Aussprache nach – mit dem Schwäbischen vergleicht, so ergeben sich bereits Schwierigkeiten: wohl haben auch wir das oben angeführte gesprochene ao, doch nur in Wörtern, die dafür im Mittelhochdeutschen ou aufwiesen, was der Fall war in: kaufen und Laub (mhd. koufen, loup, mundartlich *kaofa, Laob*). Gesprochenen und durch unsere Lautschrift mit au wiedergegebenen Zwielaut haben wir nur in solchen Wörtern, wo dafür im Mittelhochdeutschen durch Cirkumflex gekennzeichnetes langes u vorhanden war (mhd. bûwen, mûs, mundartlich *baua, Maus*).

Beim ai, ei verhält es sich ähnlich: den Monat Mai sprechen auch wir mit a-e. Wörter aber, in denen mittelhochdeutsches î vorgelegen hatte, sprechen wir mit stark nach oben gezogenem, der Hochsprache in dieser Lautung unbekanntem ei (mhd. blîben, zît, mundartlich: *bleiba, Zeit*). Und dieses ei verwenden wir nun auch noch – um die Sachlage ein bißchen zu komplizieren – als Entrundungslaut sowohl für Häuser, läuten wie für heute, Leute (mundartlich: *Heiser, leida; heid, Leid*).
Nun ist es aber zum Glück nicht so, daß wir uns jedesmal extra vergegenwärtigen müßten, ob bei dem Wort, das wir in den Mund nehmen, im Mittelhochdeutschen nun ou oder û bzw. ai, ei oder î oder gar öu, eu zugrunde lagen. Nein – wo andere wohl das etymologische Lexikon brauchen, da ist uns das alles automatisch innewohnend, ins Unterbewußte mitgegeben worden von unseren Vorfahren, da sind wir sozusagen „programmiert“.

Jedenfalls: unser Schwäbisch umfaßt nicht weniger denn zehn durch den Mundraum und fünf durch die Nase gesprochene Zwielaute. Sie seien wie folgt aufgereiht:

1. Offene steigende Zwielaute

(das sind solche, die sich von einem tief angesetzten zu einem höher klingenden Selbstlaut erheben)

Es gibt deren sechs, nämlich:

ao in:

allgemeinschwäbisch *ao, glaoba* (hd. auch, glauben, mhd. ouh, gelouben)

allgemeinschwäbisch *daod, raod* (hd. tot, rot, mhd. tôt, rôt)

ostschwäbisch *fraoga, Schaof* (hd. fragen, Schaf, mhd. frâgen, schâf)
(wo mhd. â, ô oder ou zugrunde lagen)

Anmerkung: Ein besonderer Fall liegt im Mittelschwäbischen der Gegend von Albstadt vor. Dort entsteht ao auch durch die Vokalisierung von l(l): *Haofder* Halfter; *Gnao ond Fao* Knall und Fall

au in:

allgemeinschwäbisch *Braud, daused* (hd. Braut, tausend, mhd. brût, tûsent), manchenorts auch in: *dau, dauza* du, duzen, (wo die Spur auf mhd. langes u zurückführt)

ai in:

allgemeinschwäbisch *Sai, Wai* (hd. See, Weh, mhd, sê, wê), *bais, Haine* (hd. böse, Höhe, mhd. boese, hoeher)
(wo sich mhd. ê bzw. oe vorfanden)
und in dem Monatsnamen Mai, dem Familiennamen Maier u. ä.

Anmerkung: Es wäre wohl genauer, die Lautung mit ae (a-e) wiederzugeben. Wir schreiben lieber ai, um ein Mißverständnis (nämlich daß man ä lesen könnte) auszuschließen.

ei in:

allgemeinschwäbisch *bleiba, weifla* = schwanken (hd. bleiben, —, mhd. blîben, wîfelen)

teilschwäbisch *Deifl, Zeigs, seiberer* (hd. Teufel, Zeug, sauberer, mhd. tiuvel, ziuc, söuberer)
(also überall da, wo mhd. vor allem î, aber auch iu oder öu vorlagen)

oi in:

mittel- und ostschwäbisch (wo das Westschwäbische dafür òa aufweist): *broid, Loid(e)r* (hd. breit, Leiter, mhd. ebenso), vor Nasenlaut *noi', hoi'm* (hd. nein, heim, mhd. ebenso) (also in Fällen, wo unsere Sprache schon von jeher altes ei aufwies)

Anmerkung 1: Auch hier (wie bei ai) wäre es lautentsprechender, die Schreibung oe (o-e) zu verwenden. Aber wir belassen es bei oi, um die Verwechslung mit ö zu vermeiden.
Anmerkung 2: Die eindringliche Bejahung „eija" ergibt im Gesamtschwäbischen die Lautform: *oijò*.

ui in:

Duifl, Zuigs, dui, sui (hd. Teufel, Zeug, betontes die, betontes sie, mhd. tiuvel, ziuc, diu, siu)

Anmerkung 1: Der Zwielaut ui kommt also viel öfter vor als in der Hochsprache. Dem Mittelhochdeutschen gegenüber ist er im Schwäbischen einfach umgedreht.
Anmerkung 2: Teilschwäbisch tritt dieses ui auch eingelautet auf. So wird *Schuier* Scheuer manchenorts zu *Schuur* und auch zu *Schiir*; desgleichen *Fuier* Feuer zu *Fuur* und *Fiir*, *nui* neu zu *nuu(b)* und *nii(b)*, *Zuig(s)* Zeug zu *Zuug* und *Ziig*.
Anmerkung 3: Manchmal erleidet ein bereits vermundartlichter Zwielaut nochmalige Veränderung gemäß den geltenden Lautgesetzen. So zeigt sich das hd. Wort „Eigenbrötler" zunächst als *Oagabraidler* und verändert sich von da aus, wieder lautgerecht, zu *Oagabròadler*. Und der Name einer Ortschaft am Schönbuchrand wurde von „Gehäu" aus zu *Ghai* (darum auch, zwar etwas barock, geschrieben: Kayh), woraus die Mundart durch erneute Veränderung *Ghòa* machte.

2. Offene fallende Zwielaute

(d. h. von einem höher zu einem tiefer liegenden Selbstlaut sich bewegende)

Deren haben wir vier, nämlich:

äa in:

allgemeinschwäbisch *fäaga, läabech* (hd. fegen, lebendig, mhd. fëgen, lëbic); gebietsweise auch *bäadda, dräaffa, Wäagg* (hd. beten, treffen, Weg, mhd. bëtten, trëffen, wëc) (vor einfachem Mitlaut also, gelegentlich auch vor doppeltem, in Fällen, wo im Mittelhochdeutschen ein sogenanntes durch Trema gekennzeichnetes „Brechungs"-ë vorlag)

nahezu allgemeinschwäbisch *fäachda, räachd* (hd. fechten, recht, mhd. vehten, reht)
(vor ch + Mitlaut)

nahezu allgemeinschwäbisch *Fäal, Häale* (Fell, Helle)
(vor Doppel-l)

westschwäbisch *Bräade, häaser* Breite, heißer
(als Umlaut zu òa, s. Kapitel „Umlaut")

ostschwäbisch *Schnäa, Säa, bäas* Schnee, See, böse
(wo langes e bzw. langes ö vorliegen, die im übrigen Schwäbisch als ai auftreten)

Anmerkung: In einem Landstrich des Albschwäbischen – um Ebingen herum – klingt dieses äa geradezu wie ja; mehr darüber s. Kapitel „Kurze Selbstlaute – kurzes e".

òa in:

allgemeinschwäbisch *òadalech, Wòart, vòarna, Dòarschech, Schdòarzl* (hd. ordentlich, Wort, vorne, –, –, mhd. ordenlîch, wort, vornen, torse = Krautstrunk, Storzel = Kartoffelkraut)
(wo das o vor r + Zahnlaut zu stehen kommt)

westschwäbisch *Lòab, Lòader* Laib, Leiter
(wo ai bzw. ei, das nicht aus mhd. î entstanden ist, zugrunde liegen)

ostschwäbisch *gròaß, ròad* groß, rot
(wo langes o vorliegt, das im übrigen Schwäbisch in der Regel gerade umgekehrt, mit ao, erscheint: *graoß, raod*)

Anmerkung: Im bereits bei oben äa genannten Landstrich auf der Schwäbischen Alb klingt das òa vor l und r wie wa: *En Dwa(r)lfenga hommer a gaa'z wadeleche Wargl* in Tailfingen haben wir eine ganz ordentliche Orgel. Auch vor l, m und s kann dieses *wa* auftreten, so in: *walf* elf (mhd. eilf); *Wamed* Heimat; *i wass* ich weiß.

ia in:

allgemeinschwäbisch *liabr, Bliade* lieber, Blüte, mhd. lieber, Blüete
(als Entsprechung zu mhd. ie und üe)

ua in:

allgemeinschwäbisch *bluada, fuadara, guad* bluten, füttern, gut, mhd. bluoten, vuoteren, guot
(ue dafür zu schreiben, wie es manche Mundartautoren tun, verbietet sich wegen Verwechslungsmöglichkeit mit ü: *Muader* Mutter, nicht *Mueder*, das als Müder gelesen werden könnte)

3. Genäselte steigende Zwielaute

Sie finden sich immer dann, wenn auf sie die Nasenlaute n, seltener m, folgen, die am Wortende oder bei Zusammentritt mit gewissen Mitlauten immer ausfallen.

Wir notieren deren drei, nämlich:

ao' in:

allgemeinschwäbisch *dao'* getan, mhd. getân; vielenorts *ao'ne* ohne, mhd. âne; *Mao'* Mond, mhd. mâne
(wo mhd. â zugrundeliegt, vor Nasenlaut)

allgemeinschwäbisch *grao'za* grunzen; *mao'za* munzen = klägliche Katzentöne von sich geben; manchenorts *ao's* uns; *ao'wäart* unwert; *Lao'b* Lump; (wo u von n oder m, meistens noch + Mitlaut, gefolgt wird)

Anmerkung: Auffällig ist die gelegentlich im Schwäbischen auftauchende Form *nao'* für hd. nur, der mhd. nûwan zugrunde liegen dürfte.

ei' oder *ai'* (beide gleich und eigentlich *ae'* gesprochen, das wir aber nicht verwenden, weil es als ä gelesen werden könnte) in:

allgemeinschwäbisch *mei' Wei'* mein Wein, mhd. mîn Wîn; *Dei'schdech* Dienstag, mhd. dînstac; *brai'schdala* brünsteln; *fai'f* fünf; *wai'scha* wünschen; *Zai'le* Zäunlein (wo mhd. î oder hd. ü, gefolgt von n und n + gewissen Mitlauten, vorliegt)

oi' (eigentlich oe', das wir deshalb nicht so schreiben, weil es sonst als ö gelesen werden könnte) in:

mittel- und ostschwäbisch *Boi'ner* Beine; *noi'* nein; *hoi'm* heim; *Oi'mer* Eimer; *Roi'* Rain (wo es sich um altes ei bzw. ai vor Nasenlaut handelt)

Anmerkung: Es dreht sich hier um den Zwielaut, der westschwäbisch als oa' auftritt.

4. Genäselte fallende Zwielaute

Für sie gelten dieselben Voraussetzungen wie für die steigenden. Wir finden zwei derselben, nämlich:

ea' in:

allgemeinschwäbisch *gea', nea'ma* geben, nehmen, mhd. gën, nëmen (mittelhochdeutsches „Brechungs"-ë vor Nasenlaut)

allgemeinschwäbisch *Dea'schd* Dienst; *Rea'ma* Riemen; *se dea'n(d)* sie tun, mhd. sie tüent; *grea'* grün, mhd. grüen (mittelhochdeutsches ie oder üe vor Nasenlaut ohne oder mit Mitlautfolge)

ostschwäbisch *schea'* schön (ö + Nasenlaut)

oa' in:

allgemeinschwäbisch *Bloa'ma, doa'* Blumen, tun, mhd. bluomen, tuon (mittelhochdeutsch uo vor Nasenlaut)

westschwäbisch *Hoa'mad* Heimat; *moa'na* meinen; *noa' nein*; *Roa'* Rain (altes ei bzw. ai vor Nasenlaut)

Die Gesamtzahl unserer Zwielaute ist also gegenüber denen der Hochsprache erheblich größer. In den deutschen Dialekten wird sie wahrscheinlich nur noch von der Zahl derer im Bairischen übertroffen.
Die Stuttgarter haben in ihrer Mundart die Zwielaute ai, äa und ȍa, genäselt ao', ea' und oa' in jedem Fall, und ei' nur vor Doppelmitlaut, aufgegeben. Sie verwenden statt ihrer:

für *ai*:

geschlossenes e: *See, bees* See, böse

für *äa*:

offenes ä (wie die Hochsprache) vor zweifachem Mitlaut: *wägg!, dräffa* weg!, treffen, aber auch offenes ä, wo die Hochsprache geschlossenes e hat, nämlich vor einfachem Mitlaut: *Wääg, lääba* Weg, leben

für *ȍa*:

geschlossenes o (wo die Hochsprache offenes verwendet) vor r + Mitlaut: *Orda, Word, vorna* Orden, Wȍrt, vȍrne, aber auch geschlossenes o (wie die Schriftsprache) vor einfachem r: *boora, voor* bohren, vor.

für *ea'*:

genäseltes ee': *vornee'm* vornehm; verkürzt in:

nemma nehmen

für *ao'*:

genäseltes oo' bzw. o': *doo'* getan; *oo'ne* ohne; *o'ns* uns; *gro'nza* grunzen

für *oa'*:

genäseltes oo': *doo'* tun (wie *doo'* getan, s. ao')

für *ei'* vor Doppelmitlaut:

einfaches genäseltes e': *Denschdaag, fenf, wenscha* Dienstag, fünf, wünschen.

Die Selbstlaute der Nebensilben

In Nebensilben unterdrückt das Schwäbische die in ihnen enthaltenen Selbstlaute in viel stärkerem Maß, als das die Hochsprache tut: oft bleibt von ihnen nur noch ein kaum mehr auszumachender Indifferenzlaut übrig, oft flüchten sie in den silbischen Bestandteil der sie umgebenden Fließ- oder Nasenmitlaute (l, r, m, n), oft ist von ihnen auch gar nichts mehr aufzufinden. Im einzelnen gilt:

In Vorsilben

Die fest mit ihren Zeitwörtern verbundenen Vorsilben be- und ge- verlieren ihr e ganz:

> *bhalda* behalten; *bhää(b)* enganliegend, mhd. behäbe; *blanga* belangen; *Bsezze* Besatz; *gfonna* gefunden; *ghe(e)d* gehabt; *ghòaßa* geheißen; *griiba* gerieben; *gwoo'd* gewöhnt

Die Vorsilbe *ver-* läßt ihr e je nach der Sprachlandschaft mehr oder weniger stark fallen (letzlich ist es dann in das silbische r eingegangen). Vorausgeschickt werden darf noch, daß *ver-* in der Mundart in allen Fällen auch die hochdeutschen Silben *er-* und *zer-* ersetzt. So ergeben sich die Beispielfälle:

vrbarma erbarmen; *vrläaba* erleben; *vrdrenna* zertrennen; *vrlooba* verloben; *vrreißa* zerreißen; *vrsuacha* versuchen

Anmerkung 1: *be-* behält sein e vor Verschlußmitlauten und w: *bedeida* bedeuten; *begreifa* begreifen; *beweisa* beweisen
Anmerkung 2: *g(e)-* tritt an manche Zeit- und andere Wörter an auch in Fällen, wo dies im Hochdeutschen nicht üblich ist. So: *gschmagga* schmecken (*schmagga* ist im Schwäbischen: riechen); *Gschbaß* Spaß; *gschägged* scheckig; *z gräachd komma* zurechtkommen; *gwerma* wärmen; *iiblghairech* übelhörig; *gruia* reuen

In Umstandswörtern

da- verliert sein a vor Selbstlauten:

denna da innen; *dussa* da außen

dar- verliert sein a mehr oder weniger; letzlich versteckt sich dieses im silbischen r:

drfiir da(r)für; *drvoo'* da(r)von; *drzuana'* da(r)zuhin

von *her-* bleibt nur noch das r übrig:

raa herab; *rei'* herein

hie- ist nur noch mit dem h vertreten:

henna hie innen; *honda,* auch: *honna* hie unten

In Verhältniswörtern

gegen (im Sinne von: nach oder in) verkürzt sich zu *ge*:

vor Ortsnamen: *ge Schdamma* gegen (= nach) Stammheim; *ge Dea'na gao'* gegen (= ins) Dienen gehen

zu wechselt sein u gegen o oder gibt es auch ganz ab:

zo dr Aa'na zu der Ahne; *zo miir* zu mir; *z Schduagerd* zu (= in) Stuttgart; *z lached* zu lachen *auf* schwächt sich ab zu uf, *aus* zu us:

uf Schduagerd naa wörtl. auf Stuttgart hinab, nach Stuttgart hinunter; *nuf* hinauf; *ruf* herauf; *hussa* hie außen

Anmerkung: Bei nachtoniger Verwendung wird *-dar* zu (d)er: *emd(e)r,* bzw. mit silbischem r: *emdr* immerdar; *-her* wird zu (e)r: *ommer* bzw. *ommr* umher; *-hin* wird zu e: *ause* aushin, hinaus; *eine gäa'* einhin = hinein geben (von Futter)

In vortonigen Geschlechts- und Fürwörtern

(dazu vgl. S. 100ff.)

In Nachsilben

1. Die i-haltigen Bildungssilben (bzw. die, die es im Mittelhochdeutschen noch waren) schwächen ihren Selbstlaut zwar durchweg ab, doch bleibt von ihm noch klares, helles e übrig.

Die in Frage kommenden Silben sind:
-ich, -ig, -in, -ing(en), -isch, -hin, -lich und mhd. *-iu* und *-î*

Beispiele:

-ich: *Gscheddech* „Geschöttich" (zu: schütteln), Getreiderückstand

-ig: (Hauptwörter) *Hoonech* Honig; *Keefech* Käfig; (Eigenschaftswörter) *eebech* ewig; *läabech* leb(end)ig; *weenech* wenig

-in: (Hauptwörter) *Bedde* Botin; *Denge* wörtlich „Dingin", unangenehme Frauensperson; *Keche* Köchin (Eigenschaftswörter) *buache* buchen; *iirde* irden; *òache* eichen (mhd. buochin usw.)

-ing(en): *Faigleng* Feigling; *Wiirscheng* Wirsing; *griddlenga* rittlings; *häälenga* hehlings, heimlich
(in diese Gruppe reihen sich auch die Wörter auf -ung ein: *Moa'neng* Meinung; *Oarneng* Ordnung)

-isch: *dò gòòds jò dirgesch on boolesch zua* da geht es ja türkisch und polisch zu = da geht es ja kreuz und quer durcheinander; *widdesch* wittisch = unwirsch

-hin: *aabe* abhin, abwärts; *uffe* aufhin, aufwärts; *iibersche* über sich hin

-lich: *freile(ch)* freilich; *gfäärlech* gefährlich

mhd. -iu: (in Zeitangaben) *viare* mhd. vieriu, vier Uhr; *segse* mhd. sechsiu, sechs Uhr
(im gebeugten Eigenschaftswort) *a blenne Kua* eine blinde Kuh; *a bhäbe Deng(er)e* eine zugeknöpfte „Dingin" = Frauensperson

mhd. -î: *Daife* Taufe, mhd. toufî; *Kuche* Küche, mhd. Kuchî; *uf d Ledschde* wörtlich: auf die Letzte = letztlich, letzthin

Anmerkung: Nicht eindeutig zu erklären ist bis jetzt das jeweils in der Mundart hinzugefügte schwachtonige -e an Mannsnamen und Mannsbezeichnungen wie: *Karle* Karl; *Wulle* Wilhelm; *Kärle* Kerl; *Rolle* Mann mit Rollenhaar, d. h. mit Lokkenkopf

Klares geschlossenes e findet sich auch sonst in nachtonigen Bestandteilen von Zusammensetzungen (auch wo diese kein -i- enthalten). Beispiele dafür:

Kirbe Kirchweih, mhd. kirchwî(he); *Gnooblech* Knoblauch; *Lei'lech* und *Lei'nech* Leintuch, mhd. lînlach; *Oorschlech* Unschlitt; *Mee'dech* Montag (und die anderen Wochentage); *Mòògschdedd* Magstadt (Dorfname); *bòrfes* barfuß; *säärdechs* werktags

2. die e-haltigen Nachsilben, die mhd. -en, -ent und -eht entsprechen, sind so abgeschwächt, daß von ihnen nur noch ein

zwischen a und e liegender Schwachlaut übrigbleibt, bei dem wir auch in der Schreibung uns je nach dem Grad der Lesehilfe für a oder e entscheiden:

fròòga fragen; *Sacha* Sachen; *äbbes z beißed, z lached* etwas zu beißen, zu lachen; *nägged* nackt; *gschägged* scheckig, mhd. scheckeht

3. ebenfalls mit dem vorgenannten Zwischenlaut erscheinen die nur der Mundart vorbehaltenen Wörter mit den Nachsilben *-ed(e), -eds(e)* und *-es:*

Haied Heuernte; *Fluachede* Flucherei, Gefluche; *Gnarfleds* Knorpeliges; *Schbialeds* bestimmte Geschirrmenge zum Spülen; *Schleifeds* Eisbahn zum Schleifen (Schlittern); *Denggedse* Denkfähigkeit; *Meegedse* Fähigkeit zum Mögen: Liebe; *Hubbes* Gehupe (weitere Beispiele s. im Kapitel „Übersteigerte Wörter")

4. und schließlich geht es so der typisch schwäbischen Nachsilbe *-ela* in Wörtern wie:

bfengschdela „pfingsteln", nichts Gutes ahnen, Ra. *miar bfengschdeleds* mir schwant nichts Gutes; *boggela* nach Bock muffeln; *brae'schdela* „brünsteln", nach Brand riechen; *herbschdela* sich dem Herbst nähern

5. Eine Sonderstellung nimmt die beliebte Verkleinerungsendung des Schwäbischen ein:

hd. -lein, mhd. lîn:

Bei dieser Silbe müssen wir (was leider nicht alle Mundartschreiber tun!) die Einzahl- und die Mehrzahlformen (sofern sie verschieden ausgesprochen werden, was nicht immer der Fall ist) durch die Schrift unterscheiden:

Klares, helles e treffen wir normalerweise in der Einzahl an:

Oale Eilein (Einzahl); *Mendle* Männlein (Einzahl)

Einen dumpferen, mehr a zuneigenden Laut haben wir dagegen in der Mehrzahl vor uns:

Oala Eilein (Mehrzahl); *Mendla* Männlein (Mehrzahl)

Den letzteren Laut (wir schreiben ihn vor Nasenlaut a, sonst e) treffen wir auch an bei dem unbestimmten Geschlechtswort „ein": *a Maa'* ein Mann; *ama Bua* einem Buben; *era Frao* einer Frau

ferner bei den Bildungssilben -eit, -heit und -inen. Beispiele: *Ärbed* Arbeit; *Wòòred* Wahrheit; *Daifana* Taufen; *Luugana* Lügen (deren Einzahl hat allerdings – wie in der Hochsprache – helles e: *Daife* Taufe; *Luuge* Lüge)

Wörter mit anderen als i-haltigen Bildungssilben schwächen diese so ab, daß nur noch der zwischen a und e liegende Laut in ihnen übrigbleibt (wir schreiben a, wenn ein Nasenlaut noch deutlich mitklingt); hier treffen wir die Silben an:

-en: (Mehrzahlendung) *Haasa* Hasen; *Gnocha* Knochen
(Grundformendung) *huudla* hudeln; *libfa* lüpfen
(Eigenschaftsworts-Endung) *eeba* eben; *offa* offen

mhd. -ent: (Zeitwortbeugung) *mr bleibed, saaged, wualed* wir bleiben, sagen, wühlen

mhd. -ôt, -êt: *Bròòched* Brachet, Brachzeit; *Mooned* Monat; in manchen Gegenden: *gfròòged* gefragt; *glached* gelacht

Dem dumpferen, auch hier wieder zwischen a und e liegenden Laut begegnen wir in nachtonigen Bestandteilen von Zusammensetzungen in Fällen wie:

Faasned Fas(t)nacht; *Schuldes* Schultheiß; *Daagerscha* Dagersheim; *Raora* Rohrau

In Wörtern, die auf l oder r endigen, versteckt sich der Silbenvokal je nach Gegend mehr oder weniger in diese Laute:

wolf(e)l und *wolf(e)r* wohlfeil, billig; *fruchb(e)r* fruchtbar; *koschb(e)r* kostbar; *wiavl* wieviel; *Beischbl* Beispiel; *Vòardl* Vorteil; *Schduag(e)rd* Stuttgart; *Weng(e)rd* Weingarten, Weinberg

Das Endungs -e bleibt nur als solches erhalten, wo mhd. ein î vorlag (s. oben, Abschnitt 1). In allen anderen Fällen fällt es grundsätzlich ganz weg:

(Hauptwörter) *Sach* Sache; *Wäag* Wege
(Eigenschaftswörter) *bleed* blöde; *lei's* leise
(Zeitwörter) *i schbiil* ich spiele; *i waard* ich warte
(bei besonderer Heraushebung des Vorgangs kann man auf die Frage „Was machst du da?" allerdings auch mit deutlicher e-Anhängung hören: *i huudle* ich hudle; *i waarde* ich warte)

Im Wortinnern ist der Selbstlaut einer Nachtonsilbe beispielsweise ganz ausgefallen in:

a weng ein wenig

Die Mitlaute insgesamt

Harte und weiche (stimmlose, stimmhafte?)

Das Schwäbische geht in der Behandlung der harten Verschlußlaute keinesfalls so weit wie etwa das Sächsische, das diese allesamt erweicht.
Wohl sprechen auch wir p und t bei althergebrachten, also volkstümlichen Wörtern in allen Stellungen weich, doch schließt sich k jedenfalls im Anlaut von dieser Regel aus. Im einzelnen aufgezeigt, ergeben sich folgende Lautbilder:

anlautend:

Boschd Post; *dongga* tunken
(nur k bleibt hart): *Kuugl* Kugel

inlautend:

hubba hupen; *Vadder* Vater; *Hòòga* Haken

auslautend:

Lomb Lump; *Muad* Mut; *Sagg* Sack

in Verbindung mit anderen Mitlauten:

Bfann Pfanne; *Hefd* Heft; *Glammer* Klammer

Doch wir belassen es anlautend für p und t bei harter Lautung, wenn es sich um Wörter handelt, die sich erst später eingebürgert haben, wie:

Paß Paß; *Peder* Peter; *Pille* Pille; *Ponggd* Punkt; *Puudl* Pudel

Tass Tasse; *Tee* Tee; *Tiiger* Tiger; *To'* Ton; *turna* turnen

bei k gilt das, ob die Wörter volkstümlich sind oder auch nicht:

Kaard Karte; *kenna* kennen; *Kiibl* Kübel; *Konschd* Kunst; *Kuß* Kuß

Dabei lassen wir in der Lautschrift unberücksichtigt, daß wir diese Anlaute behaucht sprechen (also eigentlich: *Thass, Thiiger, Khonschd* usw.).
Ob wir bei Wörtern, die ohnehin mit h anlauten, auch b, d, g als p, t, k hören und demnach so schreiben sollten (*phalda* behalten; *t Haa'd* die Hand; *khoobled* gehobelt), ist Ansichtssache. Wir möchten es, der besseren Lesbarkeit halber, lieber nicht tun und bleiben hier bei: *bhalda, d Haa'd, ghoobled.*
Alles Weitere und Einzelne in den vorstehenden Fällen ist bei der Aufführung der Mitlaute ausführlich dargelegt.
Schließlich gehört in diesem Kapitel noch die Tatsache angeführt, daß es im Schwäbischen nur stimmlose Reibelaute gibt (so daß man eigentlich *ßomßa* für sumsen, und *Fräafl* für Frevel schreiben müßte). Die weiche, säuselnde Lautbehandlung, wie sie das Hochdeutsche hier praktiziert, steht offenbar nicht im Einklang mit unserer Wesensart.

Wegfall von Mitlauten

Arg auffallen muß es einem Nichtschwaben, wenn wir in gewissen Wörtern einfach Mitlaute weglassen. Das tun wir aber nur, wo ein solcher ans Wortende zu stehen kommt.

Auf jeden Fall springt ab:

n, das seine Spur nur noch in der Näselung des vorausgehenden Selbstlautes hinterläßt:

aa' an; *Maa'* Mann; *ma'* man (sofern nicht: *mr*); *draa'* daran; *naa'* hinan; *Daa'bäasa* Tannbesen (doch: *Dann* Tanne); *hee'* hin; *Maschee'* Maschine; *Kee'* Kinn; *schee'* schön

Auf Einzelwörter beschränkt sich der Wegfall von:

b, *d* und *g* in:

aa ab; *naa*, *raa* hinab, herab; *gäal* gelb, manchmal *bhää* mhd. behäbe, eng; *nii* hinüber; *rii* herüber; *driinii* drüberhinüber; *Bua* Bube; *dr säl* derselbe, jener; *bal* bald; *on* und; *Ken* Kind (soweit nicht: *Kee'd*); *draa* tragen; *saa* sagen; *schlaa* schlagen; *verloo* erlogen
I maa' ich mag (hier ist überdies das *a* durch das vorausgehende *m* genäselt).
Bei dem Zeitwort *gäa* (in Stuttgart: *gää*) geben liegt schon im Mhd. gën vor.

t (mundartlich *d*) in:

Äärn Ernte; *Beddraosch* Bettrost; *fercha* fürchten; *Kaarsch* Karst (Arbeitsgerät); *du kaa'sch* (neben: *du kaa'schd*) du kannst

ch in:

ao auch; *hao* hoch; *a waa!* ach was!; *ii*, *dii*, *mii* ich, dich, mich; *glei* (so)gleich; *no(o)* noch; *ui* neben *uich* euch; *freile* freilich; *meegle* möglich; *dr weel?* der welche, welcher?

s in:

waa, *wa* was (wer vermutet hinter *wawidd?* den Satz: was willst du?)

Angleichungen (Assimilationen)

Das Haushalten mit den beim Sprechen aufzuwendenden Kräften (wir kommen in einem besonderen Kapitel noch ausführlicher darauf zu sprechen) ist am Werk, wenn wir in der schwäbischen Mundart nicht – wie man es im Hochdeutschen tun sollte – alle Mitlaute, die nebeneinander zu stehen kommen, klar und deutlich aussprechen. Wir gleichen sie in solchen Fällen mindestens annäherungsweise, oft auch völlig, aneinander an. So

in Einzelwörtern:

d und t sind betroffen:

albacha altbacken; *Ärber* Erdbeere; *benna* binden; *fruchber* fruchtbar; *gfonna* gefunden; *Haible* Häuptlein (eines Gemüses); *Oarneng* Ordnung; *Schallkarr(e)ch* Schalt-, Schubkarren; *Schduagerd* Stuttgart

andere Mitlaute sind betroffen:

b in: *gheed* gehabt, mhd. gehebet

l in: *äwl* alleweil, immer; *i sodd* ich sollte; *i wedd* ich wollte, mhd. wölte (Möglichkeitsform)

m in: *ender* neben *emder* immerdar; *r kond* er kommt

n in: *Grombiir* Grundbirne (so im Heckengäu u. a. o.), Kartoffel

r in: *i däff* ich darf

mehrere Mitlaute sind betroffen:

äbber, äbbes, äbba jemand, etwas, etwa (in mhd. ëtewer wurde zuerst das w zu b; in diesem ging dann das vorangehende t auf)

Wibber Witwer (mhd. Witwer über Witber zu Wibber)

Äbbiir Erdbirne (so im Remstal u. a. o.), Kartoffel (r und d werden verschluckt) *du därsch* du darfst (f und t fallen aus)

in Sätzen und Satzbrocken:

semmer sind wir; *hemmer* haben wir; *wemmer* wenn wir und wenn man; *schee' ong guad* schön und gut; *kaa' e komma* kann nicht kommen; *ens Be gao'* ins Bett gehen; *i wòa schao'* ich weiß (es) schon; *dui mua schee' sei'* die muß schön sein; *muasch Drenggäl gea'* mußt du Trinkgeld geben; *hòsche gsea'?* hast du sie gesehen?; *nòò ische furd* dann ist sie fort

In manchen Landstrichen hört man Angleichungen wie:

hòbma'de verdwischd? hat man dich erwischt?; *miar dea'm bfias wai* mir tun die Füße weh; *se hem ball bacha* sie haben bald gebacken; *hei'd geids ebfiil* heute gibt es nicht viel.

Sproß-Mitlaute (Verschleifungen, Bindungen)

So wie es Sproß-Selbstlaute gibt (s. dort), so stellen sich auch gerne Sproß-Mitlaute als Übergang innerhalb einer Lautgruppe ein:

Oft findet sich ein eingeschobenes r:

Haorzech Hochzeit; *Heerdschech* Handschuh; *Moorschd* Most; *Oorschlech* Unschlitt; *verdlairna* ver(ent)lehnen

manchmal auch andere Mitlaute:

Mendle Männlein; *älld*s als, allemal, manchmal; *faldsch* falsch; *Oijer* Eier; *auwa!* Ausruf: aua!; *auwijaram!* wohl entstellt aus: o Jesum! (hier sind gleich mehrere Sprößlinge in einem Wort!)

Andrerseits lebt verstummtes n (vgl. Kapitel „Wegfall von Mitlauten") wieder auf, wenn es zur Bindung dienen kann:

dò hao'-n-i blerrd da habe ich geplärrt; *a-n-alde Kua* eine alte Kuh

Gelegentlich wird auf diese Weise geradezu ein neues Wort gebildet; so, wenn infolge „falscher Abtrennung" zum Beispiel *a-n-Äaber* (ein Eber) zu *a Näaber* wird oder *a-n-Aschd* (ein Ast) zu *a Naschd*. Auch der umgekehrte Fall kommt vor: daß nämlich *a Nòòdr* eine Natter (mhd. nâter) als *a-n-Oòdr* aufgefaßt wird und die Natter dann als Ader erscheint.

Die Mitlaute im einzelnen

Wo die Mitlaute im Vergleich mit dem Hochdeutschen keine Veränderung aufweisen, wird hier kein Wort darüber verloren. Herausgestellt werden nur solche Fälle, die auffallende Abweichungen zeigen.

Die weichen Verschlußlaute b, d, g

d schiebt sich gelegentlich zwischen n und Fließlaut:

Dendle Tännlein; *Mendle* Männlein; *Dondrwäddr* Donnerwetter

d hängt sich ans Wortende an:

Aa'dräächd Enterich; *Bauschd* Bausch; *Buurschd* Bursche; *Furrechd* Furche; *Leichd* Leiche; *anderschd* anders; *drhoamd* daheim; *drnäabed* daneben; *drweilschd* derweilen; *geschderd* gestern

g schiebt sich ein:

Läfzga Lefzen; *schmazzga* schmatzen; *Wäfzg* Wefze, Wespe

f findet sich statt b:

Geifizzle Kiebitzlein, in übertragenem Sinn: flatterhaftes Mädchen; *Schrauf* Schraube

ch erscheint statt g:

Jachd Jagd; *jächdla* jagen

gn wird umgestellt zu ng:

Mreianges Marie Agnes; *räanga* regnen

Die harten Verschlußlaute p, t (auch pp und tt)

werden im allgemeinen zu b, d:

Abadaig Apotheke; *daod* tot; *gnabb* knapp; *Vaddr* Vater

auch in volkstümlich gewordenen Wörtern fremder Herkunft:

Baraade Parade; *barduu* frz. partout, unbedingt; *Daadom* Datum; *Dabeed* Tapete

auch pf erscheint als bf:

bfeifa pfeifen; *Bflomm* Pflaume

nur in wenigen Wörtern, deren Herkunft noch als fremd empfunden wird, bleibt im Anlaut p, t:

Paol Paul; *Pederleng* Petersilie; *Pischde* Piste; *Porzioo'* Portion; *puur* lat. purum, rein; *Tass* Tasse; *Telefoo'* Telefon; *tigga* ticken; *Too'* Ton; *turna* turnen

Der harte Verschlußlaut k (auch ck und q)

erhält sich als solcher nur noch

vor Selbstlaut (im Anlaut):

Karra Karren; *Kärle* Kerl; *kenna* kennen und können; *Kiibl* Kübel; *kozza* kotzen; *Kuugl* Kugel

in Lehn- und Fremdwörtern:

Kamee' Kamin; *Kee'nr* lat. canalis, Dachrinne; *ufm Kiwiif sei'* frz. auf dem quivive, auf dem Damm sein; *Kommood* Kommode; *Kuwärd* Couvert, Briefumschlag

eingebürgerte Fremdwörter haben jedoch bereits zu g übergeschwenkt:

Gugg frz. coque, Tüte; *Guggommer* frz. concombre, Gurke; *Rageed* Rakete

k (auch ck und q) wird zu g vor Mitlaut:

Glòad Kleid; *gnoobla* knobeln; *graa'g* krank; *Gwidd* Quitte

und im Wortinlaut und -auslaut:

Daggl Dackel; *drugga* drücken und trocken; *gwagga* quaken; *Sagg* Sack; *Begg* Bäcker

Der Nasenlaut m

fällt gelegentlich weg als Silben-Endlaut:

Hee'beer Himbeere; *boo'wille* baumwollen; *Broo'beer* Brombeere; *Roo'* Rahm; *Soo'draaga* Sam(en)träger

im Ostschwäbischen (wobei ein a als Sproßlautspur hinterbleibt) in:

Aara Arm; *Haala* Halm; *Wuura* Wurm

und in der Verbindung mp, mpf:

Laa'b Lampe; *Ee'bele* Ämpelein; *Daa'bf* Dampf; *gree'bfech* krämpfig

Der Nasenlaut n

schwindet im betonten (auch, wo er doppelt auftritt) wie im unbetonten Auslaut:

Maa' Mann; *Zee'däller* Zinnteller; *drvoo'* da(r)von; *eeba* eben, flach; *Maarde* Martin; *Riaba* Rüben
(im Satz tritt das n häufig wieder an: *dees ka'-n-e* das kann ich; *Wiisa-n-ond Fäldr* Wiesen und Felder)

er schwindet in Verbindung von n mit anderen Mitlauten:

Waa'd Wand; *dee'ga* denken; *Fea'schdr* Fenster; *Lei'sa* Linsen; *Dao'schd* Dunst

im Ostschwäbischen auch (unter Hinterlassung des Sproßlauts a), wenn er allein steht, so in:

Gaara Garn; *gäära* gern; *Hiira* Hirn

manchenorts fehlt er in:

ed nicht (in Stuttgart: ned)

er wechselt mit l in:

Fäarschl Fersen; *zòachla* zeichnen

mit m in:

gmuag genug

mit r in:

mr man; *nea'mr(d)* niemand

Der Fließlaut l

ist in manchen Gegenden (so auf der Alb) stark „r-haltig“:

Arlb Alb; *Dwarlfenga* Tailfingen; *gorldech* goldig

er ist unorganisch eingefügt in:

Bflaoda Pfoten, und im Fremdwort *schdrabbleziara* strapazieren

er ist mit r vertauscht in:

wolfer, neben *wolfl* wohlfeil; im aus dem Lateinischen übernommenen *keener* lat. canalis, Dachrinne

silbisches l findet sich am Wortende:

Amsl Amsel; *Dibbl* (Schimpfwort) Düppel; *Gurgl* Gurgel; *Hendl* Händel; *Moodl* Model, Hohlform für Gebäck

Der Fließlaut r

spricht sich in der Stadt vorwiegend „gegurgelt“ durch den Rachen, auf dem Land mehr „gerollt“ an den inneren Zahnrändern. Im einzelnen ist zu notieren:

er schwächt sich vor Zahnlauten stark ab, verschwindet manchmal sogar ganz:

waarda warten; *Väärsch* Vers; *feerdech* fertig; *Kiirscha* Kirschen; *kuurz* kurz; *òa(r)dalech* ordentlich; *Schdòa(r)zla* mhd. Storzen, Kartoffelkraut

er fällt bestimmt weg in:

i däf ich darf; in den Fremdwörtern *Gwaddiar* Quartier; *maschiara* marschieren

er wechselt mit l in:

Zondl Zunder

silbisches r findet sich zumeist in der Stadt:

abbr aber; *Fuadr* Futter; *oddr* oder; *iibr* über; *weddr* weder; *vrgässa* vergessen

während man auf dem Land einen zwischen a und e liegenden Laut anklingen hört (wir wählen hier in der Schrift dafür das e):

aaber aber usw.

Der Reibelaut f (v)

Gegenüber der Hochsprache ist im Schwäbischen keine Abweichung festzustellen, außer daß sich statt f gelegentlich bf eingeschlichen hat. So in den Wörtern:

Bfleegl (Dresch)Flegel; *Raa'bfd* Ranft, Rand, Eckstück vom Brot; *Schdabfl* Staffel; *schlòabfa,* mittelschwäbisch *schloibfa* schleifen, schwer tragen (Einfluß von schleppen?)

Die Reibelaute s, ss, ß und sch

Sie alle weisen sich im Schwäbischen wie im Hochdeutschen aus (nur daß es dort ja auch noch das stimmhafte s gibt). Der markanteste, jedem sofort ins Ohr fallende Unterschied gegenüber dem Hochdeutschen ist, daß wir st und sp nicht nur am

Anfang des Worts, sondern auch in dessen Mitte und Schluß als schd und schb aussprechen. Der Tübinger Professor Köstlin hat das einmal in dem Ausspruch glossiert:

„*Das Schenschde und Erhabenschde in der blaschdischen Konschd ischd hald doch der Venus von Milo ihr Bruschdkaschden.*"
So ist auch eine Haspel bei uns *a Haschbl* und eine Wespe *a Wäschb*

Auch nach r verwenden wir durchweg sch statt s:

Väärsch Vers; *Wiirschech* Wirsing; *Kuursch* Kurs; *hendersch Millersch Wendersch Schuira* hinter des Müllers Winters Scheuer

Der Reibelaut ch

Er spricht sich im Schwäbischen meist hell (ich-Laut). Der dunkle (ach-Laut) findet sich nur in Gegenden, die dem Alemannischen zu liegen.

Das ch ist bei uns geschwunden in:

ii ich; *dii* dich; *mii* mich
ohne und mit ch: *Vii(ch)* Vieh
ao auch; *glei* sogleich; *noh* noch; *nòò* (her)nach
im Nebenton in: *freile* freilich; *se* sich

Er ist auch geschwunden nach l und r:

dr weel welcher, mhd. welh; *Fòara* Forche; *Zwäarsagg* Zwerchsack

und geschwunden in der Kombination chs:

Aasl Achsel; *Biisle* Büchslein; *Deisl* Deichsel

bei cht in:

net nicht

Anmerkung: Dagegen bleibt ch in: *glaobech,* wörtlich: glaube ich, für: wie ich glaube, vermutlich

Der Reibelaut w

Er erscheint vereinzelt als m:

miar wir; *mòò* und *moo* wo; *mòrom* warum; *monzech* winzig; *oi'ma* mhd. einwâ irgendwo; *s Modes(h)eer* des Wotans Heer; in der Redensart: *dees duad dr wia s Modeseer* das tut dir (blitzt und kracht) wie ...

als b, wo er im Hochdeutschen verschwunden ist; so da und dort in:

blòòb blau (mhd. blâw); *lòòb* lau (mhd. lâw); *bauba* bauen (mhd. bûwen); *Sauba* (Wild-)Sauen (mhd. sûwen)

als b zwischen Selbstlauten:

manchenorts: *äbba* (mhd. einwâ) irgendwo; *eebech* ewig; *Leebe* Löwe; *haiba* heuen, mhd. höuwen; *waibera* wehklagen, mhd. wêweren

als b auch nach l und r in:

Kalb Calw (Ortsname); *Kirbe* Kirchweih

Der Reibelaut z (tz)

erleidet gegenüber dem Hochdeutschen so gut wie keine Veränderung (*hòaza* heizen; *buzza* putzen).
Gelegentlich findet sich s statt z:

Wòasa Weizen

ein „unorganisches" z entsteht, wenn d oder t mit s zusammentreffen:

Zirengga die Syringen, danach auch: *a Zirengg* eine Syringe; *laß Zau raus!* laß die Sau heraus!; *wa hòze gsait?* was hat sie gesagt? (wir belassen es allerdings der Lesbarkeit halber lieber bei der Schreibung *d Sau* und *hòd se*)

Der Hauchlaut h

ist gegenüber der Hochsprache in einigen Wörtern geschwunden:

Bla-e Blahe, Wagentuch; *Googlopf* Gugelhupf, Gebäck; *Graa'ged* Krankheit; *s Modeseer* (s. unter w)

er tritt als ch auf in:

Nääche Nähe, dazu: *nòòch* nahe; *Viich* Vieh, dazu: *viichisch* viehisch

er zeigt sich als g in Fällen, wo im Mittelhochdeutschen statt seiner ein j stand; so in:

bliaga (mhd. blüejen) blühen; *ziaga* (mhd. ziejen) ziehen

Der Kombinationslaut x (eigentlich ks)

kommt im Schwäbischen noch seltener vor als in der Hochsprache und ist dann da wie dort aussprachegleich (Axt, Faxen, Hexen).

Ein „unorganisches" x entsteht bei Zusammentritt von ch oder ck mit s(ts):

waxa wachsen; *nex* nichts; *Fixle* Füchslein; *Oxa* Ochsen; *muxa* mucksen (in der Umschrift bleiben wir allerdings in diesen Fällen, soweit es die Lesbarkeit erfordert, bei gs: *segs*, nicht *sex*, für: sechs)

HAUPT- UND ANDERE WÖRTER UND IHRE BEUGUNG

Die Hauptwörter im allgemeinen

Gebrauch der Fälle

Während der Werfall, der Wemfall und der Wenfall wie in der Hochsprache voll gebraucht werden, hat sich der Wesfall nur in Resten erhalten, und zwar

wo vom Besitzer, vom Betroffenen die Rede ist:

s Bachkoa'rds Schuira die Scheuer des Bachkonrad; *s Nòòchbersch Zao'* der Zaun des Nachbarn; *s Hanslea'rda Wiis* die Wiese des Hans Leonhard; *s Deifls Daa'g äärna* des Teufels Dank ernten

nach allgemeinen Mengebegriffen, wie etwas, nichts, was und kein, sowie im Zusammenhang mit genauen Angaben:

äbbes Args etwas Arges; *nex Räächds* nichts Rechtes; *was Deifls* was Teufels, was zum Teufel; *koa' Laches* (Redensart: *dò brauchds koa' Laches on koa' Heiles* da bedarf es keines Lachens und keines Heulens); *s Jòòrs amòòl* im Jahr einmal; *oa'sdòals* einesteils (auffallend ist die Übertragung Einzahl-Wesfall-Endung auf die Mehrzahl in: *a Jòòres fai'f,* neben *a Jòòra fai'f* ungefähr fünf Jahre)

vor Zeitwörtern:

Hongers schdärba Hungers sterben; *dr Weil hao'* Weile haben; *dr Wäard sei'* wert sein; insbesondere vor „spielen" oder in diesem Sinne verwendetem „tun": *Fanges, Verschlubfes doa'; Schualmòaschderles, Dogderles schbiila*

in umstandswörtlichen Angaben:

am mòrgeds morgens, oft auch mit zweifacher Wesfall-

Endung: *am mòrgedses; hai'dechsdaags* heutzutage; *sälles-mòòls* selbiges Mal; *iibereggs gugga* übers Eck gucken, schielen; *räachderhaa'd* rechterhand, rechts

in stehenden Redensarten wie:

mei's Wisses meines Wissens; *sei's Zòaches* seines Zeichens; *am Aa'fang mei's Hauses* am Anfang meines Hausens, d. i. meines eigenen Wohnstands; *mei'ner Läbbdaag* meiner Lebtag, d. i. zeit meines Lebens

Anmerkung: Vielfach wird aber auch der Wesfall durch eine verhältnismäßig umständliche Wemfallkonstruktion umschrieben. So:

sei'm Soo' seine Kamerada = die Kameraden seines Sohnes; *mei'm Hans seine Schua* = die Schuhe meines Hans; *sei'ra Frao ihr Bäsle* = das Bäslein seiner Frau

Die Hauptwörter im besonderen

Die männlichen

Es fällt auf, daß bei den stark deklinierten Hauptwörtern vom Umlaut in der Mehrzahl viel mehr Gebrauch gemacht wird als im Hochdeutschen:

dia Ärm Arme; *Dääg* Tage; *Hälm* Halme; *dia Bsiach,* auch *Bsiacher* Besuche; *Gschmägg, Gschmägger* Geschmacksrichtungen; *Salääd, Salääder* Salate; *dia Bräääda* Braten; *Heifa* Haufen; *Seema* Samen

bei den schwach deklinierten ist der Fall oft umgekehrt:

Manna Männer; *Saua* Säue

Die Endungen der männlichen Hauptwörter:

Einzahl:

Werfall: endungslos oder -a	*Daag, Bròòda*
Wemfall ebenso	*Daag, Bròòda*
Wenfall ebenso	*Daag, Bròòda*

(der Wesfall existiert nur noch in Resten: *s Daags dreimòòl* drei Mal des Tages, *oa'sdòals* einesteils; vgl. Kapitel „Die Hauptwörter im allgemeinen")

Mehrzahl:

Werfall, Wemfall, Wenfall endungslos oder -a und mit Umlaut	*Dääg, Bräända*

Die weiblichen

Hier ist gegenüber dem Hochdeutschen kaum eine Abweichung festzustellen, nur:

manche Wörter schwanken in der Einzahl zwischen Endungslosigkeit und -a:

dui Geld, neben *Gelda* die Gölte, der Kübel; *dui Saul*, neben *Saula* die Säule

die Wörter auf -e bilden ihre Mehrzahl (entsprechend dem Muster *Wiirde* Wirtin, *Wiirdana* Wirtinnen) mit -ana:

Daife Taufe, *Daifana* Taufen; *Moode* Mode, *Moodana* Moden

starke Mehrzahlbildung neben schwacher findet sich in:

Doochder Tochter, *Deechder* und *Deechder(n)a* Töchter; *Muader* Mutter, *Miader* und *Miader(n)a* Mütter

zweierlei Mehrzahlendung zeigen:

Schduuba Stube, *Schduuba* und *Schduubana* Stuben

Die sächlichen

Ohne jegliche Endung in der Mehrzahl (wie in der Einzahl) treten auf:

Schòòf neben *Schääf* Schafe; *Jòòr* Jahre; *Gnui* Kniee

öfter findet sich in der Mehrzahl die Endung -er:

Breeder Brote; *Hemmeder* Hemden; *Gschmägger* Geschmack; *Gsezzer* Gesetze; *Hefder* Hefte und Gehöfte; *Gschäfder* Geschäfte; *Grischder* Gerüste; *Häarzer* Herzen; *Scheider* Scheite

manchmal haben wir in der Mehrzahl sowohl Endungslosigkeit wie die Endung -er vor uns:

Hòòr und *Häärer* Haare; *Hòarn* und *Häarner* Hörner; *Wòard* und *Wäarder* Worte, Wörter; *Schdugg* und *Schdugger* Stücke

Anderes Geschlecht als in der Hochsprache

Das Schwäbische ist insofern eigensinnig, als es – oft unter Beibehaltung alten Brauches – in vielen Fällen beim Geschlecht der Hauptwörter sich gar nicht nach der Hochsprache richtet. So sind im Schwäbischen:

männlich:

der Andive die Endivie; *der Baa'g* die Bank; *der Babbadeggl* die Pappe; *der Bagga* die Backe; *der Briis* die Prise (Schnupftabak); *der Budda* die Bütte; *der Budder* die Butter; *der Dei'sl* die Deichsel; *der Drauba* die Traube; *der Fa'na* die Fahne; *der Fäarschl* die Ferse; *der Flangga* die Flanke; *der Gluschd* das Gelüste; *der Gommi* das Gummi; *der Grässech* die Kresse; *der Haischrägg* die Heuschrecke; *der Hommeler* die Hummel; *der Jubba* die Joppe; *der Karra* die Karre; *der Kommood* die Kommode; *der Lidder* das Liter; *der Lufd* der Wind; *der Pederleng* die Petersilie; *der Radd* die Ratte; *der Rääba* die Rebe; *der Radio* das Radio; *der Raija* die Reihe; *der Schbeis* die Zementspeise; *der*

Schbizz die Spitze; *der Schnägg* die Schnecke; *der Schnòòg* die Schnake; *der Schogglaad* die Schokolade; *der Schuurz* die Schürze; *der Soda* die Soda; *der Sogga* die Socke; *der Waada* die Wade; *der Zagga* die Zacke; *der Zaija* die Zehe; *der Zwiibel* die Zwiebel

männlich sind bei uns auch:

die Zahlen, so z. B. bei Straßenbahnlinien:

der Nuller die Null; *der Oi'ser* die (Linie) Eins; *der Viirer* die (Linie) Vier

die Buchstaben: *der A, B* usw. das A, B

dann die Verkleinerungen von männlichen Namen:

der Fritzle das Fritzlein; *der Heinerle* das Heinerlein; *der Mäxle* das Mäxlein

weiblich:

dui Balla der Ball; *dui Bischl* das Büschel; *dui Faubl* der (Faul)ball; *dui Flao* der Floh; *dui Guurd* der Gurt; *dui Hoa'* das Huhn; *dui Kheebedd* das Kindbett; *dui Schaoß* der Schoß

sächlich:

dees Dòal der Teil; *dees Egg* die Ecke; *dees Kiis* der Kies; *dees Oard* der Ort; *dees Ribb* die Rippe (giftiges Weib); *dees Däller* der Teller; *dees Tunäll* der Tunnel

mehrgeschlechtig treten auf:

der Mensch, Mehrzahl *dia Menscha* (wie im Hochdeutschen)
dees Mensch, Mehrzahl *dia Menscher* (despektierlich für: weibliche Wesen, Frauenzimmer)
dui Sach die Sache = die Angelegenheit; *dees Sach* = der Besitz (Ra. *i han mei' Sach* ich habe, was ich brauche)

Ableitungen

In punkto Ableitungen hat das Schwäbische etliche Möglichkeiten mehr aufzuweisen als die Hochsprache:

1. die der Übersteigerung von zum Hauptwort erhobenen Zeitwörtern dienende Vorsilbe *Ge-* sowie die Nachsilben *-erei, -edse, -ede* und *-es* sind im Kapitel „Übersteigerung" aufgeführt und dort nachzulesen.

2. die auch in der Hochsprache übliche Endung *-er*, weiblich *-ere* zeigt in der Mundart etliche Originalschöpfungen vor, die besondere Menschentypen vertreten:

> *Bruddler, Bruddlere* vor sich hinnörgelnde Manns- oder Frauensperson; *Denger, Dengere* unangenehme Person; *Dròòdler, Dròòdlere* trödelnde Person; *Huudler, Huudlere* übereilige, schlampige Person; *Rozzler, Rozzlere* triefnasige Person; *Schaffer, Schaffere* arbeitsame Person; *Wualer, Wualere* übereifrige Person

3. nur die Mundart kennt die Endung *-e* für eine Reihe weiterer, durch ihre Absonderlichkeiten auffallende Personen (hier allerdings nur männliche):

> *Balluure* übler Kerl (zu: *balluura* ausschellen); *Dadde* kindischer Gemütsmensch (zu *däddela* kindisch handeln); *Fande* närrischer, überspannter Mensch (zu französisch: *enfant?*); *Gwaddle* krummbeiniger, schwerfälliger Mensch (zu *gwaddla*); *Labble* läppischer Mensch (zu *läbbla* sich blöd benehmen); *Lalle* lallender, dummer Kerl (zu *lalla*); *Rande* Wildfang (zu *randaliara?*)

Verkleinerungen

Die Verkleinerungen auf -lein, mhd. -lîn, lassen diese Silbe fast im ganzen Lande als -le in der Einzahl und als -la in der Mehrzahl auftreten:

> *a Heisle* ein Häuslein; *drei Heisla* drei Häuslein; *des Oale* das Eilein; *dia Oala* die Eilein (nur noch in wenigen Gegenden wird tatsächlich in der Einzahl wie in der Mehrzahl gleichermaßen *-le* gesprochen und sollte auch nur dann so geschrieben werden)

Anmerkung: Zur Beliebtheit der Verkleinerungsendung -le, bzw. -la gerade bei den Schwaben noch ein paar Randbemerkungen:

Ein Bedienungsfräulein (oder ein Fräulein überhaupt), das wir mit *Bäbele* (Barbara) oder *Riggele* (Friederike) anreden, läßt dieses schon dadurch wissen, daß wir uns bei ihm in guten Händen fühlen. Ein *Virdele* Wein schmeckt von vornherein besser als ein Viertel. Ein *Kiahle* steht uns näher als eine Kuh. *Ausschdächerla, Ribbla, Schbäzzla, Soidawirschdla* und *Schbrengerla* munden uns mehr als: ausgestochenes Teiggebäck, ein Rippenstück, Spatzen (unsere pommes-frites-Gegenstücke), Saitenwürste und Springer (eine Sorte Weihnachtsgebäck). Und ein *Schlägle,* das jemanden befällt, ist nicht so gefährlich-unheilbar wie ein Schlaganfall.

Wir stellen damit fest: die Endung schaltet bei den Hauptwörtern um von der Funktion des bloßen Verkleinerns auf die des Mitschwingenlassens von Zartgefühl, Wohlwollen, persönlicher Hinwendung.

So ist es zu erklären, wenn die Redewendung *jò Scheißele!* als ablehnender Bescheid auf ein unzumutbares Ansinnen weit weniger verletzend wirkt als die gleiche, mit dem Endwort -*drägg* (-dreck) versehene!

Und wo es die Anrufung *liabs Herrgeddle vo Biberach!* (liebes Herrgöttlein von Biberach) gibt, da meint Sebastian Blau von ihr, sie spreche „eher für ein naives, vertrauensvolles und doch leicht distanziertes Verhältnis zum lieben Gott als für eine metaphysische Erschütterung und Ehrfurcht".

Und so kommt es, daß -*le* auch anderen Wörtern beigefügt werden darf:

So Zeitwörtern, wobei die Kinderverse

> *s räageled, s drobfeled, de alde Weibla hobfeled*
> es regnet, es tröpfelt, die alten Weiblein hüpfen

und das Wort: *vischberla* zu: vespern, zaghaft an etwas herumessen anzuführen wären.

Und zu der umstandswörtlichen Bildung *leisele-leis* (für: ganz besonders leise) verstieg sich August Lämmle einmal im poetischen Bereich.

Die zeitwörtliche Aufforderung: *kommele!* und die eigenschaftswörtliche: *sei dabferle!* haben nicht so sehr einen Befehlston an sich als vielmehr den einer Bitte. Und der kommt man doch eher nach!

Doch daß wir auch einfache Umstands- und Fragewörter wie *sodele!* für: so!, *ezzedle!* für: jetzt!, *wasele?* für: was? durch das *-le* in eine vertraulichere Atmosphäre ziehen können, das dürfte uns keine andere Landschaft im deutschen Mundartkonzert nachmachen!

Die Eigenschaftswörter

Die Endungen der Eigenschaftswörter unterscheiden sich vom Hochdeutschen nur noch in der schwachen Beugung; da tritt in der Einzahl aller drei Geschlechter Endungslosigkeit auf:

> *dr graoß Gaul* der große Gaul; *dui hòaß Waa'd* die heiße Wand; *des bais Määdle* das böse Mädchen

auch bei der Steigerung:

> *dr graischd Gaul* der größte Gaul; *de schee'schd Ärbed* die schönste Arbeit; *s liadrechschd Mensch* das liederlichste Frauenzimmer

und bei Nachstellung des Eigenschaftsworts:

> *däar Lomb, däar liadrech* der Lump, der liederliche; *dui Gschiichd, dui saudomm* die Geschichte, die saudumme; *des Glomb, des elend* das Gelumpe, das elende

Bei den für Eigenschaftswörter gebräuchlichen Nachsilben ist gegenüber dem Hochdeutschen festzuhalten:

die Nachsilbe -ig wird zu *-ech*, -isch zu *-esch* (nur in städtischerem Umkreis *-ich*, *-isch*):

läabech lebendig; *òadalech* ordentlich; *schneidech* schneidig; *schwäbesch* schwäbisch; *gäbesch* linkisch; *widdesch* unwirsch

die spätmittelhochdeutsche Nachsilbe -e(c)ht ist noch geschwächt lebendig in Wörtern wie:

gschägged scheckicht, scheckig; *narred* narricht, närrisch; *schdengged* stinkicht, stinkend

aber auch noch voll (sogar gelängt) vorhanden in:

oa'zäächd einzeln; *gäaläächd* gelblich

Die Nachsilbe -lich ist nur noch in alten Eigenschaftswörtern (die heute eher als Umstandswörter dienen) zu -le verwandelt anzutreffen:

freile freilich; *wäärle* wahrlich

sonst ist -lech bzw. -lich üblich:

gmiadlech gemütlich; *scheißlech* scheußlich.

In einigen Fällen werden auch zwei Nachsilben hintereinander verwendet:

gschäggedech	wörtlich: scheckendig, scheckig;
näggedech	wörtlich: nackichtig, nackend;
schdombedech	wörtlich: stumpichtig, stumpig.

Die Geschlechtswörter

Die bestimmten Geschlechtswörter (der, die, das) treten im Schwäbischen wie die unbestimmten (ein, eine, ein) nur nebentonig auf (haupttonig dienen sie als hinweisende Fürwörter bzw. als Zahlwörter, s. dort). Sie werden so gebeugt:

Einzahl (bestimmtes Geschlechtswort):

Werfall:

dr Maa'	der Mann	*d Frau*	die Frau	*s Kend*	das Kind

Wemfall:

am Maa'	dem Mann	*dr Frau*	der Frau	*am Kend*	dem Kind

Wenfall:

da Maa'	den Mann	*d Frau*	die Frau	*s Kend*	das Kind

Mehrzahl:

Werfall und Wenfall, alle drei Geschlechter gleich:
d Manna, Fraua, Kendr die Männer, Frauen, Kinder

Wemfall, ebenfalls gleich für alle drei Geschlechter:
de Manna, Fraua, Kendr den Männern, Frauen, Kindern (*de* ist die Fortsetzung der alemannischen Nebenform *dien* für sonstiges *den*)

Anmerkung: dem Einzahl-Wesfall begegnet man nur noch in stehenden Redensarten wie: *s Deifls wäarda* des Teufels werden.

Einzahl (unbestimmtes Geschlechtswort):

Werfall:

a Maa'	ein Mann	*a Frao*	eine Frau	*a Kend*	ein Kind

Wemfall:

ama Maa'	einem Mann	*era Frao*	einer Frau	*ama Kend*	einem Kind

Wenfall:

an Maa'	einen Mann	*a Frao*	eine Frau	*a Kend*	ein Kind

(*ama* und *era* entsprechen den mittelhochdeutschen Nebenformen einme und einre für sonstiges ins Hochdeutsche übernommene: einem und einer)

Anmerkung: Wie etwa im Bairischen, so ist auch für das Schwäbische bezeichnend die Verwendung des unbestimmten Geschlechtswortes zur Angabe eines bestimmten Quantums, einer Stückzahl usw.: *a Biar* ein (Glas) Bier; *a Brood* ein (Stück) Brot; *a Meebl* ein Möbel(stück)

Die Fürwörter

Die Fürwörter ändern ihre Gestalt je nach der Betonung. Wenn sie haupttonig gebraucht werden, so richten sie ihre Lautung nach den in der Mundart herrschenden Gesetzen. Nebentonig weisen sie nur noch zwischen a und e liegende Selbstlaute auf. Wir unterscheiden:

Die persönlichen Fürwörter

Einzahl:				
Werfall:	*ii, i, e*	ich	*du, dau, de, d*	du
Wemfall:	*miar, miir, mr*	mir	*diar, diir, dr*	dir
Wenfall:	*mii, miich, me*	mich	*dii, diich, de*	dich
Mehrzahl:				
Werfall:	*miar, miir, mr*	wir	*iar, iir, r*	ihr
Wemfall und Wenfall:				
	oo's, ao's, ons, ei's,		*ui(ch), iich, uub,*	
	eis, es, is	uns	*eich, ech, ich*	euch

Anmerkung 1: Wo es im Hochdeutschen heißt: wegen mir, wegen dir usw., da tritt stockschwäbisch der alte Wesfall in Erscheinung, indem man sagt: *wäaga mei'ner, wäaga dei'ner* usw.
Anmerkung 2: Auffallend ist, daß sich das w in hochsprachlichem wir zu mundartlichem m wandelt: *miar, miir, mr.*
Anmerkung 3: Auffallend ist auch, daß in gewissen Gegenden Werfall mit Wenfall wechselt: *oo's hond dees gsaid* statt: *miar hend dees gsaid* für: wir haben das gesagt.
Anmerkung 4: Auffallend ist des weiteren, daß da und dort eine Vertauschung von „uns" mit „euch" stattfindet (im Mittelhochdeutschen lag da auch tatsächlich die Doppelform unsih vor), indem man hört: *mr hòd ech/ich gsea'* statt üblichem: *mr hòd es/is gsea'* für hochdeutsch: man hat uns gesehen.
Anmerkung 5: Bemerkenswert ist schließlich noch, daß die betonte Mehrzahlform *iar, iir* manchenorts als *diar, diir* auftritt:

diar hend ihr habt; *diar saged* ihr sagt. Das ist durch falsche Abtrennung zu erklären. Dreht man nämlich die Aussage um zur Frage: *hend iar? saged iar?*, so erscheint das d vor dem Fürwort, und dann wird versehentlich abgetrennt: *hen diar? sage diar?*

Das unpersönliche Fürwort (man)

Es beugt sich so:

Einzahl:

Werfall:	*mer, mr, ma'*	man
Wemfall:	*oa'm, oi'm*	einem
Wenfall:	*oa'n, oi'n*	einen

In der Mehrzahl wird *se* verwendet; dabei gilt das bei den geschlechtlichen Fürwörtern in Anmerkung 1 Gesagte.

Das rückbezügliche Fürwort (sich)

Es tritt, wie im Hochdeutschen, vor gewissen Zeitwörtern (sich freuen, sich schonen) auf in den mundartlichen Formen:

sich, sech, se

Nachgestellt ist eigentlich nur der Wenfall und dieser nur in bestimmten Verbindungen im Gebrauch, wie:

fiirsche für (= vor) sich, d. i. vorwärts; *hendersche* rückwärts

Im Wemfall langt man stockschwäbisch immer noch lieber, altem Sprachgebrauch folgend, zum geschlechtlichen Fürwort:

r said nex vo-n-em er sagt nichts von sich;
se kommd wiidr zua-n-era sie kommt wieder zu sich

Die geschlechtlichen Fürwörter (er, sie, es)

Sie lauten in ihren Abwandlungen wie folgt:

Werfall:	*äar, er, r*	er	*sui, se*	sie	*s*	es
Wemfall:	*ee'm, em, m*	ihm	*iara, era*	ihr	*ee'm, em, m*	ihm
Wenfall:	*ee'n, n, a'*	ihn	*sui, se*	sie	*s*	es

Anmerkung 1: Das Mehrzahlfürwort *se* für hochsprachlich: sie (das ja das Geschlecht offen läßt) wird verwendet als Bezugswort für unbestimmte Personen: *se saged oa'm jò nex* man sagt einem ja nichts.
Anmerkung 2: In der Kombination persönliches Fürwort + geschlechtliches Fürwort steht der Wemfall vor dem Wenfall: *suachd r dr s?* sucht er dir es? hochdeutsch: sucht er es dir?

Die besitzanzeigenden Fürwörter (mein, dein, sein, unser, euer, ihr)

Sie treten so auf:

eigenschaftswörtlich:

mei', dei', sei'
oo'ser, ao'ser, onser, eiser, ei'ser, iiser
uier, uicher, auch: *iicher* und *uuber* (Stuttgart: *eier*)
iar, iir

hauptwörtlich:

dr mei', de dei', s sei'
s oo'ser usw. (also nicht mit der hochsprachlichen Endung -ig)

und zeigen die üblichen Abwandlungsfälle.

Anmerkung: Gerne wird das besitzanzeigende Fürwort auch noch durch das geschlechtliche verstärkt. Es heißt also nicht bloß: *sei' Haus, iar Haus,* sondern *ee'm sei' Haus, iara iar Haus, ee'ne iar Haus* für: sein Haus, ihr Haus.

Die hinweisenden Fürwörter

Von den in der Hochsprache vorhandenen (dieser, jener, derjenige, derselbe bzw. selbiger und ihren Abwandlungen) verwendet die Mundart ausgerechnet gerade noch das letztgenannte:

eigenschaftswörtlich:

Einzahl:

Werfall:	*säller Maa', sälle Frao, säll Kend*	selbiger Mann usw.
Wemfall:	*sällem Maa', sällera Frao, sällem Kend*	
Wenfall:	*sälla Maa', sälle Frao, säll Kend*	

Mehrzahl:

alle Fälle und Geschlechter: *sälle* selbige

hauptwörtlich:

Einzahl:	*dr säll, de säll, s säll*	derselbe, dieselbe, dasselbe
Mehrzahl:	*de sälle*	dieselben

mit den entsprechenden Abwandlungen. Beispielsatz:

i hao' en Maa' ghaird; säller (bzw. *dr säll*) *hòd gsaid* . . .
ich habe einen Mann gehört; dieser hat gesagt . . .

Üblicherweise tritt aber an die Stelle der hinweisenden Fürwörter einfach die betonte Form des Geschlechtsworts, also:

Einzahl:

Werfall:	*däar, dui (dia), dees*	der, die, das
Wemfall:	*dea'm, däara, dea'm*	dem, der, dem
Wenfall:	*dea'n, dui (dia), dees*	den, die, das

Mehrzahl:

Werfall:	*dia*	die
Wemfall:	*dea'ne*	denen
Wenfall:	*dia*	die

Beispielsätze:

däar hòd gsaid der (da) hat gesagt
Siisch dea'n Kärle? siehst du diesen Kerl da?
dea'ne Weibsbilder, dea'ne liadreche, hao'-n-e s bsòrgd den (= jenen) Weibsbildern, den (= jenen) liederlichen, habe ich es besorgt

Von den im weiteren Sinn auch als hinweisend geltenden hochdeutschen Fürwörtern sind im Schwäbischen vorhanden:

„solch ein“ als:

so a, bzw. *a soddecher,* Mehrzahl *soddeche:*
so a (bzw. *a soddeche*) *Gschiichd gòòd nia guad aus* eine solche Geschichte geht nie gut aus

„ein derartiger“ als:

a däarecher (Stuttgart: *därricher*), Mehrzahl *däareche:*
däareche Sacha sodd mr bleiba lao' der(art)ige Dinge sollte man bleiben lassen.

Die bezüglichen Fürwörter

(hochdeutsch: welcher usw.)

Ihre Stelle nimmt das Umstandswort *mòò, moo, woo* ein:

däar mòò der(jenige), welcher; *dui mòò* die(jenige), welche usw.

abhängige Fälle werden so ausgedrückt:

däar Maa', dea'm mòò sei' Haus brennd hòd der Mann, dessen Haus brannte;
dia Geil, dea'ne mòò mr d Schwenz schdriigled die Gäule, deren Schwänze man striegelt

Die unbestimmten Fürwörter

Von ihnen sind am gebräuchlichsten: *äbber* ahd. ëtewer, jemand; *äbbes* ahd. ëtewaz, etwas; *älles* alles; *koa'* kein; *mr* man; *nea'mr* niemand (weitere Formen s. Kapitel „Regionale Mannigfaltigkeit“); *nex* nichts; *viil* viel; *weenech* wenig; *a weng* ein wenig.

Anmerkung: Bei *gaa'z* ganz ist erwähnenswert, daß seine Mehrzahl gerne die hochdeutsche Wendung „alle“ ersetzt: *muasch du de gaa'ze Biira naadruggd hao'?* mußt du alle Birnen hinuntergedrückt haben?

Die Fragefürwörter

Hochdeutsch wer? was? welcher? was für ein? haben bei uns ihre Entsprechungen: *wäar?* (das wie *däar* gebeugt wird), *waa(s)?*, schwachtonig *wa?*, *weeler* bzw. *dr weel?* und *wa fir a?*

Anführenswert sind einige Sonderfälle:

der hochdeutsche Wesfall (weswegen?) wird wiedergegeben durch:

wäaga waa(s)?

den Wesfall umschreiben wir mit dem Wemfall in:

wea'm sei' Huad isch dees? wessen Hut ist das?

die Verbindungen wobei? wodurch? womit? woran? woraus? worin? wandeln wir um in:

bei waa(s)? durch waa(s)? mid waa(s)? usw.

für hochdeutsches: wann? verwenden wir grundsätzlich *wenn:*

Wenn kommsch? Wann kommst du?

Die Zahlwörter

Im Schwäbischen lauten die Zahlwörter:

1 = westschwäbisch *oa's*, mittel- und ostschwäbisch *oi's*

2 = westschwäbisch *zwòa*, mittel- und ostschwäbisch *zwoi;* geschlechtsgebunden vielfach noch: *zwee Manna* zwei Männer; *zwua Kia* zwei Kühe; *zwòa* (bzw. *zwoi*) *Jòòr* zwei Jahre

3 = *drui, drei,* auch: *drii* und *druu*

4 = *viar*

5 = *fai'f, fee'f, fiif*

6 = *segs*

7 = *siiba, sibba*

8 = *achd, ächd, aa(ch)d, ää(ch)d*

9 = *nei', nee', nii*

10 = *zea'*
11 = *òlf, älf, òalf, walf,* selbst: *ulf*
12 = *zwelf*
13 = *dreizea'*
14 = *viirzea', virrzea'*
15 = *fuffzea'*
16 = *sächzea'*
17 = *siibazea', sibbazea', sibbzea'*
18 = *achzea', aa(ch)zea'*
19 = *nei'zea, nonzea', ninzea'*
20 = *zwanzg, zwanzich*
30 = *dreisg, dreisich*
40 = *viirzg, virrzg, virrzich*
50 = *fuffzg, fuffzich*
60 = *sächzg, sächzich*
70 = *siibezg, sibbezg, sibbzg, sibbzich*
80 = *achzg, aa(ch)zg, achzich*
90 = *nei'zg, nenzg, ninzg, nonzg, nei'zich, neinzich*
100 = *honderd,* auch noch: *honded* (Anlehnung an: *daused*?)
1000 = *daused,* auch noch: *dausich*

Anmerkung 1: Ohne Hauptwort wird an die Zahlbegriffe ab 4 ein -e oder auch ein -a angehängt: *viare, viara.* Das gilt besonders bei der Uhrzeit, wo man sagt: *grad schleechds fei'fe* soeben schlägt es fünf Uhr; *a' de òlfa* um elf Uhr.

Anmerkung 2: Wo es beim zwischenzeitlichen Uhrenstand hochdeutsch heißt: viertel nach sechs, halb sieben, viertel vor sieben, da drückt sich der Schwabe so aus: *viirdl siibane, halber siibane, druiviirdl siibane.*

Anmerkung 3: Statt *fuffzea'* und *fuffzg* hört man oft auch *fuchzea'* und *fuchzg* (Anlehnung an: *sächzg*?).

Anmerkung 4: Die Bruchzahl *halb* verlängern wir um ein *-a* oder auch um ein *-er,* je nachdem, was wir sagen wollen: *i bee' halba hee'* ich bin halb hin; *iaz isch grad halber siibane* jetzt ist es gerade halb sieben Uhr.

Anmerkung 5: Hauptwörtlich gebraucht, sind unsere Zahlwörter männlich; wir sagen: *däar Oa'ser, däar Achder* (so auch bei Straßenbahnlinien) für hd.: die Eins, die Acht.

Anmerkung 6: das Ordnungszahl-Umstandswort „zuerst" findet sich als *z airschd* und mit angehängtem *-a* als *z airschda;* entsprechend: *z ledschd, z ledschda* zuletzt. Als Unikum darf vermerkt werden, daß man das hauptwörtliche Ordnungszahlwort „die ersten" nicht nur als *de airschde* antrifft, sondern auch – die grammatischen Gesetze durcheinanderbringend – als: *de zairschde!*

Anmerkung 7: Reste alten Zahlensystems liegen vor, wo man sich noch nach Zwanzigern ortet, wobei „zwanzig" sowohl eine verhältnismäßig beträchtliche als auch eine der Höhe nach unbestimmte Zahl bedeuten kann; so in den Redensarten:

dò brenged mi koa'ne zwanzg Geil mai drvoo' weg da bringen mich keine zwanzig Gäule (keinerlei Zureden) mehr davon weg, oder wenn jemand auf die Frage: Wie alt seid Ihr? antwortet: *Zwanzg ond edleche Graudherbschd* zwanzig und etliche Krautherbste dazu. Häufig begegnet man auch noch solchen Wendungen wie: *dò hòds Leid, Gäld, Blazz sächzg(a)* für: da hat es Leute, Geld, Platz usw. in Menge.

Beugung ist nur möglich bei der Zahl 1, und zwar in hauptwörtlichem Gebrauch:

Werfall:	*oa'(ne)r*	einer	*oa'ne*	eine	*oa's*	eines
Wemfall:	*oa'm*	einem	*oa'ra*	einer	*oa'm*	einem
Wenfall:	*oa'n*	einen	*oa'ne*	eine	*oa's*	eines

und in beiwörtlichem Gebrauch:

Werfall:	*oa' Maa'*	*oa' Kua*	*oa' Jòòr*
Wemfall:	*oa'm Maa'*	*oa'ra Kua*	*oa'm Jòòr*
Wenfall:	*oa' Maa'*	*oa' Kua*	*oa' Jòòr*

Nicht beugbare Wörter

Umstandswörter, Umstandsbestimmungswörter

In dieser Gruppe gibt es etliche, die gerade für das Schwäbische bezeichnend sind und die das Hochdeutsche so nicht kennt. Einige von ihnen wollen wir herausziehen. Da sind

1. das Wort „arg“ für „sehr“:

dees hòd me arg blòògd	das hat mich sehr geplagt
dees hòd me arg gfraid	das hat mich sehr gefreut
dees duad mr arg wai	das tut mir sehr weh
i hao' di arg gäarn	ich habe dich sehr gern

Wo wir im Hochdeutschen statt „sehr“ die Steigerungen „besonders, ungemein“ usw. haben, treten im Schwäbischen an deren Stelle:

jeesesmääßech	„jesusmäßig“
saumääßech	„saumäßig“
dondrschläächdech	„donnerschlächtig“
wai(ja)daaged	„wehetagicht“ usw.

2. Fälle, die das Wann?, Wo? und Wie? bestimmen:
hai'd heute; *hai'dechsdaags* heutzutage; *mòarn* morgen; *am mòrgedses* morgens; *am òòbedses* abends; *en dr Naachd* nachts; *ällaweil* alle Weile, immer; *drweilschd* derweilen, inzwischen; *fäarnd(ech)* zu: Firn, voriges Jahr; *oima, oa'mech* irgendwo (und viele ähnliche Wendungen, s. Kapitel „Regionale Mannigfaltigkeit in der Wortwahl“); *nòò* dann (mhd. hienâch): *wa mechsch nòò?* Was tust du dann? *a'ne* zu, weiter (mhd. anhin): *laof a'ne!* geh zu, weiter!

3. Fälle, die der Aussage einen besonderen Nachdruck verleihen wollen; da treten Wörter wie *fei'* (schwer deutbar), *hald* („nach meinem Dafürhalten“) und *asda,* auch *a'sda* (vielleicht:

„also getan“?) auf:

dees lòòsch fei' schdao'! das läßt du „fein“ stehen!
dees isch fei' fei' das ist „fein“ fein;
mr muaß hald ä(lla)weil schaffa man muß eben immer arbeiten;
so isch hald! so ist es eben!
däar verdruggd dees asda ga'z der verdrückt das ganz und gar;
asda jong ist allenfalls mit einem Satz wiederzugeben: Solange wir jung waren ...

4. Fälle, wo es um Frage oder Antwort geht:

fir waas, gega waas, mid waas, wäaga waas? wofür, wogegen, womit, weswegen?
dòdrfiir, dòdrgeega, dòdrmid, dòdrwäaga dafür, dagegen, damit, deswegen

5. Sonstige besondere Fälle:

hochdeutsch „so“ hat die Entsprechung:

dea' wäag wörtlich: den Weg
(*dees hòd me dea' wäag gschlauchd* das hat mich so/dermaßen geschlaucht)

hochdeutsch „so oder so“ oder „jedenfalls“:

weelawäag wörtlich: welchen Weg
(*s wurd weelawäag schbòòd, bis e hoamkomm* es wird so oder so/jedenfalls spät, bis ich heimkomme).

Verhältniswörter

In Verbindung mit einem Hauptwort (oder dessen Stellvertreter) zielen die Verhältniswörter auch im Schwäbischen auf bestimmte Beugungsfälle. Diese weichen aber gelegentlich von der Hochsprache ab.
Den Wemfall (statt des hochdeutschen Wesfalls) treffen wir an bei hd. (an)statt:

schdadd sei'm Bruadr isch r sälber komma statt seines Bruders kam er selber;
schdadd miar dua(r)schs äaba du statt meiner tust es eben du

hd. trotz:

drozz em Verbodd trotz des Verbotes
(vor dem Fürwort heißt es mundartlich und hochsprachlich gleich: *drozzdäam* trotzdem, soweit man nicht immer noch das heimischere *onnawäag* dafür vorzieht)

hd. wegen:

wäaga mei'm Schilla wegen meines Schielens
(vor dem Fürwort und in festen Fügungen hält es das Schwäbische vom Fall her mit der Hochsprache: *wäaga meiner* meinetwegen; *des(dr)wäaga* des(sent)wegen)

In Verbindung mit einem Ziel (wo das Hochdeutsche das Verhältniswort *nach* verwendet) zieht die Mundart vor: *uf,* und eigenartigerweise – auch wo das nicht mit der Geographie übereinstimmt – kombiniert mit *naa* = hinab:

uf Schduagerd naa nach Stuttgart

Von den sonstigen Verhältniswörtern stellen wir (als von der Hochsprache abweichend) noch folgende heraus:

hd. vor:

Hier richtet sich das Schwäbische, besonders in einigen mit ihrem Beziehungswort eng zusammengewachsenen Fällen, nach dem mittelhochdeutschen Brauch, indem es „für" statt „vor" setzt:

firre (mhd. fürhin) oder *firsche* (mhd. für sich) vorwärts, hervor;
Fiirduach (mhd. fürtuoch) Schürze;
fiirnee'm vornehm; *fiirkomma* vorkommen

hd. zu:

Es ersetzt das hochdeutsche „in" vor Ortsnamen:

z Beeblenga in Böblingen

es tritt als *z, zo* oder *zom* auf vor Zahlangaben:

z banderd oder *zombanderd* (wenn nicht: *sälbanderd*) zu zweit
z dridd oder *zo dridd* (wenn nicht: *sälbdridd*) zu dritt

es tritt nur als *zo* (betont: *zua*) auf vor Haupt- bzw. Fürwörtern:

i muaß zor Leichd ich muß zur Beerdigung;
se kommd zua-n-era sie kommt zu sich

es tritt nur als *zom* auf vor der Grundform:

mir hen nemme viil zom Ässa wir haben nicht mehr viel zu essen;
wa geids denn dò zom Lacha? was gibt es denn da zu lachen?

es hängt ein s an in stehenden Wendungen wie:

naazuas hinab; *raazuas* herab; *niizuas, riizuas* hinüber, herüber; *nommzuas, rommzuas* hinum, herum; *hoamzuas* heimwärts

Bindewörter

Von den satzverknüpfenden Bindewörtern des Hochdeutschen werden einige im Schwäbischen vermieden. Zu ihnen zählen:

als:

Es wird ersetzt durch *wia* oder *wo* (örtlich: *mò*):

wia-n-i dees gläasa hao' als ich das gelesen habe;
mò-n-r dò gwäa isch als er da war;
wo-n-i hao' mei' Schätzle gnomma (Volkslied)

denn:

Dafür steht gerne *weil:*

i hao' ed komma kenna, weil i be' furd gwäa ich habe nicht kommen können, denn ich bin fort gewesen;
i fròg, weil i will s wissa ich frage, denn ich will es wissen

daß:

Es wird oft im Sinne von „damit (auf daß)" verwendet:

dua schdääd, daß de ed na'haagleschd tu langsam, damit du nicht hinfällst;

r schdraid Salz, daß s ed so gladd isch er streut Salz, damit es nicht so glatt ist

daß tritt zusätzlich an eine Reihe von Umstandswörtern (als da sind: wieviel; warum, weswegen, woher, wohin; trotzdem):

woaß ii, wiaviil daß du noh brauchsch? weiß ich, wieviel du noch brauchst?

däar said ed, wäaga was daß r dò isch der sagt nicht, weswegen er da ist;

drozzdea'm daß des hoaß isch, i drenggs trotzdem dieses heiß ist, ich trinke es

(nach *solange* folgt *daß* oder auch *wie: solang daß/wia miar dò sen* solange wir da sind).

Ausrufelaute, Ausrufewörter

Auch der Schwabe freut sich einmal aus dem Augenblick heraus oder ist traurig, fühlt sich überrascht, übervorteilt, empfindet Schmerz oder Lust usw. Und er bringt das durch augenblicklich von sich gegebene Laute oder entstellte Wörter zum Ausdruck, die eine für ihn typische Prägung aufweisen. Man sollte auch sie notieren, wenn man mitkommen will bei dem, was ihn da gerade anwandelt.

1. Bloße Laute des Ausrufens:

a'a'! Verneinung;

a'ha'! Bejahung;

au! Schmerz;

eha! auch: *oha!* Um etwas oder jemanden zum Anhalten zu bringen, auch in übertragenem Sinn: Halt einmal!

dd! tt! zz! In den Mund eingezogene Laute, die eine ganze

Skala von Gefühlen zum Ausdruck bringen, vom peinlichen Betroffensein bis zur entschiedenen Mißbilligung;

ha! Soviel wie: Je nun!

ha'? Anstelle der Frage: Wie bitte?

he! Anruf;

hm? wie: *ha'?* nur für noch Maulfaulere, weil man hier den Mund gar nicht mehr zu öffnen braucht;

hm! (etwas langgezogen) etwa im Sinne von: Das will überlegt sein;

hm! (ganz kurz und in hoher Tonlage ausgestoßen) schnippisches Abtun;

hu-u! Zuruf, um jemanden auf sich aufmerksam zu machen;

mhm! Bejahung, maulfauler als *a'ha'!*

m-m! Verneinung – maulfauler als *a'a'!*

2. Wortähnliche Gebilde als Ausrufe:

aussem! (aus dem Weg!) beim Schlitten-, Radfahren usw.

auwe! auwa! auwi! auwale! auwijaram! auwijaramle! (wohl das Wort *weh* enthaltend, dann auch das entstellte Wort *Jesus,* teilweise verbunden mit der Verkleinerungssilbe *-lein*) Möglichkeiten der Schmerzäußerung;

bachd! (gib Obacht!): *bachd i gii dr oa'ne!* paß auf, ich haue dir eine runter!

gäll! Du-form, *gälledse!* Sie-form (enthält wohl das Zeitwort gelten) für: nicht wahr?

goggäa! auch: *guggäa!* (wohl: Gott gebe) Auf die Frage: Ist er gekommen? kann man die Antwort hören: *Jò, goggäa!* Ja, Gott gebe, daß dem so wäre!

hano! Der Lieblingsausruf der Schwaben für jegliche Art von Gefühlsäußerung, je nach Tonfärbung und Gebärde;

heidanei'! für: Ist denn das möglich!

hòdde! (hat dich) und *hòdda* (hat ihn) für: Jetzt ist es soweit!

huijòòz! (noch ungeklärter Herkunft) Ausruf von Kindern,

die sich versteckt haben, um damit dem in der „*Hiile*“ (dem Anschlagpunkt) Wartenden anzuzeigen, daß man sie jetzt suchen kann;

ja no! Etwa: je nun!

o läzz! (sicher das Wort „letz“ enthaltend, das wir noch in „verletzen“ vorfinden) etwa: au Backe!

o verregg! (o verrecke!) ebenfalls etwa: au Backe!

sole! sodele! (Verkleinerungsformen von: so) Nach Abschluß von etwas offenbar gut Abgelaufenem

3. In die Nähe bloßer Ausrufe rücken verkürzte, kaum richtig angefangene, dann bereits wieder abgebrochene Satzbrocken wie:

jò, aaber . . .! Einwand, Einwurf;

. . . *dr ao . . .!?* bei der Begegnung: So, wollet Ihr auch (aufs Feld hinaus usw.)!?

iaz sag amòòl . . .!? sag einmal, was ist denn in dich hineingefahren!?

ei, daß . . .! Verwunderung, Bestürzung über etwas.

Vorgeprägte Ausrufewendungen

Wie jede Mundart, so weist auch die schwäbische eine Reihe von ureigenen Redewendungen auf, die nicht von ihrem Sprecher selbst zusammengestellt werden, sondern von Generationen vorgeprägt worden sind. Sie zählen zum gemeinsamen Besitz einer Sprachlandschaft.
Wer sich ihrer bedient, spart sich den Zwang zu eigener Überlegung und ist zugleich sicher, daß ihn der Landsmann ohne weiteres versteht.

Ein paar solcher Prägungen seien hier herausgegriffen:

miar langds! ich habe die Sache satt!

verschdòòsch!? damit du im Bilde bist!

jòò Mulle!
jòò Pfeifadeggl!
vo wäaga! } daß Sie sich bloß nicht täuschen!

iaz hòsch! jetzt hängst du in der Sache drin!

so isch nòò ao wiidr! jede Sache hat eben ihre zwei Seiten!

iaz gugg ao dò na'! ist denn das die Möglichkeit?!

iaz laß noh mi gao'!
iaz lägg noh mi am Aarsch! } Verwunderung, Enttäuschung

ja wia hemmers denn!? was ist denn eigentlich los?

ZEITWÖRTER UND IHRE BIEGUNG

Zeiten, Aussageweisen, Biegungsendungen

Gegenwart (Wirklichkeitsweise)

Sie sieht für die starken Zeitwörter (Beispiel: *dräffa* treffen) und für die schwachen (Beispiele: *suacha* suchen, *salba* salben, *fuadera* füttern) so aus:

i driff	*i suach*	*i salb*	*i fuadere*
ich treffe	ich suche	ich salbe	ich füttere
du driffschd	*du suachschd*	*du salbeschd*	*du fuadereschd*
du triffst	du suchst	du salbst	du fütterst
r driffd	*r suachd*	*r salbed*	*r fuadered*
er trifft	er sucht	er salbt	er füttert
miar, iar, se } *dräffed, dräffe*	*miar, iar, se* } *suached, suache*	*miar, iar, se* } *salbed, salbe*	*miar, iar, se* } *fuadered, fuadere*
wir treffen	wir suchen	wir salben	wir füttern
ihr trefft	ihr sucht	ihr salbt	ihr füttert
sie treffen	sie suchen	sie salben	sie füttern

Was stellen wir fest, im Vergleich mit der Hochsprache?

1. die 1. Person Einzahl ist meist endungslos. Eine Ausnahme davon machen nur die Zeitwörter mit den Endungen -eln, -ern und -nen:

i sammle ich sammle; *i wiifle* ich wiefle, d. i. flicke; *i kemmere me* ich kümmere mich; *i wondre me* ich wundere mich; *i rächne* ich rechne; *i zòachne* ich zeichne

2. die 1.-3. Person Einzahl haben den gleichen Stammselbstlaut (weisen also nicht wie im Hochdeutschen Brechung oder Umlaut auf):

i brich, du brichschd, r brichd	ich breche, du brichst, er bricht
i gsii, du gsiischd, r gsiid	ich sehe, du siehst, er sieht
i hilf, du hilfschd, r hilfd	ich helfe, du hilfst, er hilft
i blòòs, du blòòschd, r blòòsd	ich blase, du bläst, er bläst
i bròòd, du bròòdeschd, r bròòded	ich brate, du brätst, er brät
i laof, du laofschd, r laofd	ich laufe, du läufst, er läuft
i schdaos, du schdaoschd, r schdaosd	ich stoße, du stößt, er stößt
i sau^{f}*, du saufschd, r saufd*	ich saufe, du säufst, er säuft

Eine Ausnahme von dieser Regel machen indessen:

a) die beiden Zeitwörter hd. legen und liegen:
Grundform: *leega* legen
Mittelwort der Vergangenheit: *glaid, gleegd* gelegt
1.-3. Person Einzahl:
i leeg, du laischd (Stuttgart: *leegschd*)*, r laid* (Stuttgart: *leegd*) ich lege, du legst, er legt
Grundform: *liiga* liegen
Mittelwort der Vergangenheit: *gläa, gläaga* (Stuttgart: *gläga*) gelegen
1.-3. Person Einzahl:
i liig, du leischd (Stuttgart: *liggschd*)*, r leid* (Stuttgart: *liggd*) ich liege, du liegst, er liegt

b) die Hilfszeitwörter hd. haben, sein, werden und tun:
(ihnen ist unten S. 133ff. ein besonderes Kapitel gewidmet)

c) die kurzformigen Zeitwörter:
(auf sie wird unten S. 141ff. ebenfalls noch in einem gesonderten Kapitel eingegangen)

Anmerkung 1: Die 1.-3. Person Mehrzahl entsprechen mit ihrer Endung -ed der mittelhochdeutschen -ent, mit der selteneren -e der mittelhochdeutschen -en.

Anmerkung 2: Das -d der Endung -schd in der 2. Person Einzahl fällt oft durch Angleichung aus:

du suachschd oder *du suachsch* du suchst

Anmerkung 3: Wo schwersprechbare Mitlauthäufungen entstünden, hat die 2. Person Einzahl nicht nur -schd als Endung, sondern -eschd:

du salbeschd, ròòdeschd du salbst, rätst

Anmerkung 4: Wo ein Zeitwort im Stamm d oder t aufweist, fällt das Endungs -d der 3. Person Einzahl üblicherweise weg:

r buid er bietet; *r heiròòd* er heiratet; *s koschd* es kostet; *s schaad* es schadet; *r schbeld* er spaltet; *r schend* er schindet (doch völlige Konsequenz herrscht da offenbar nicht; so heißt es, mit Endung wie in der Hochsprache: *r hefded* er heftet; *r reided* er reitet)

Gegenwart (Möglichkeitsweise)

Sie ist mundartlich in der 1. Person Einzahl sehr wohl auszumachen bei solchen starken Zeitwörtern, die im Hochdeutschen Wechsel zwischen Brechung und Nichtbrechung zulassen.

Wo nämlich die Mundart (im Gegensatz zur Hochsprache) in der Wirklichkeitsform i hat (*i brich, driff, hilf, schdirb, sih* ich breche, treffe, helfe, sterbe, sehe), da verwendet sie nun ä:

i bräch, dräff, hälf, schdärb, säh ich breche, treffe, helfe, sterbe, sehe

Die 2. Person Einzahl tritt in der Mundart durchweg in gleicher Weise auf wie in der Hochsprache:

du brächeschd, dräffeschd, hälfeschd, schdärbeschd, säheschd du brechest, treffest, helfest, sterbest, sehest

Und die 3. Person Einzahl verhält sich ebenfalls so:

r bräch, dräff, hälf, schdärb, säh er breche, treffe, helfe, sterbe, sehe

In der gesamten Mehrzahl unterscheidet sich die Mundart nicht von der Hochsprache, nur daß die Mundart, je nach Gegend, dreierlei Endungen zur Verfügung hat:

miar, iar, se bräched, brächad und *bräche* wir, sie brechen, ihr brechet

Bei den übrigen starken und allen schwachen Zeitwörtern ist sowohl in der Mundart wie auch in der Hochsprache nur die 2. und die 3. Person Einzahl imstande, eine Möglichkeitsform der Gegenwart zu bilden:

du suacheschd, salbeschd, fuadereschd du suchest, salbest, fütterest
r suach(e), salb(e), fuadere er suche, salbe, füttere

Anmerkung: Obwohl also immer noch die Möglichkeitsform der Gegenwart gebildet werden kann, tritt an ihrer Stelle mehr und mehr die Umschreibung mit „tun" auf:

i dia brächa ich „tüe" brechen, statt: *i brääch* ich breche
du diaschd faara du „tüest" fahren, statt: *du faareschd* du fahrest

In der Mehrzahl bleibt der Mundart allerdings gar keine andere Wahl, als die Umschreibung zu wählen, wenn sie zum Ausdruck bringen will, daß es sich um eine Möglichkeit handelt:

miar, iar, se diad ziaga wir, ihr, sie zögen

Die Gegenwart der Möglichkeitsweise ist durchaus gebräuchlich:

a) bei den Hilfszeitwörtern haben, sein, werden und tun (siehe S. 133ff.)
b) bei den vergangenheitsformigen Zeitwörtern (siehe S. 137ff.)
c) bei den kurzformigen Zeitwörtern (siehe S. 141ff.).

Die Gegenwart der Möglichkeitsweise ist gang und gäbe in stehenden Redensarten (in denen Gott eine Rolle spielt) wie:

Gnaadrgodd!	Gnade dir Gott!
Goddseidangg!	Gott sei Dank!
Griaß(de)godd!	Grüß (dich) Gott!
Vrgäldsgodd!	Vergelte es Gott!

Erste Vergangenheit (Wirklichkeitsweise)

Diese ist im waschechten Schwäbisch absolut nicht gebräuchlich! Vielmehr tritt an ihre Stelle grundsätzlich die zweite Vergangenheit. Da gibt es auch für das Hilfszeitwort „sein“ keine Ausnahme! Es heißt also nicht:

i war (eine Form, die das Bairische offenbar bereits zuläßt)

sondern dafür:

i be' gwä(a) ich bin gewesen

Anmerkung: Es ist vielfach vermutet worden, daß die umständlichere Aussageweise, die ein solches Verfahren im Gefolge hat, mit ein Grund dafür sei, daß auf Schwäbisch bis dato keine längeren Geschichten geschrieben worden seien.

Erste Vergangenheit (Möglichkeitsweise)

Sie gibt es auf jeden Fall noch, wenn auch nicht so oft wie im gepflegten Hochdeutschen. So:

1. bei etlichen starken Zeitwörtern, darunter:

dräffa	treffen	:	*i drääf*	ich träfe
			du drääfeschd	du träfest
ziaga	ziehen	:	*i zeeg*	ich zöge
bleiba	bleiben	:	*i bliib(d)*	ich bliebe
halda	halten	:	*i hiild*	ich hielte
schlòfa	schlafen	:	*i schliif*	ich schliefe
fanga	fangen	:	*i feeng*	ich fänge
ganga	gehen	:	*i geeng(d)*	ich gänge
komma	kommen	:	*i keem(d)*	ich käme
schdärba	sterben	:	*i schduurb* (ohne Umlaut!)	ich stürbe
draa	tragen	:	*i druag* (ohne Umlaut!)	ich trüge
faara	fahren	:	*i fuar* (ohne Umlaut!)	ich führe

Anmerkung 1: Bezeichnend für die Möglichkeitsweise der Ver-

gangenheit ist das In-die-Länge-Ziehen des Stammselbstlauts. Anmerkung 2: Das -d, das sich gelegentlich angehängt bzw. eingeschoben findet, wurde in Angleichung an die schwachen Zeitwörter übernommen.

2. bei einigen schwachen Zeitwörtern wie:

wissa	wissen	:	*i wiiß(d)*	ich wüßte
			du wiiß(d)eschd	du wüßtest
braucha	brauchen	:	*i briich(d)*	ich bräuchte
brenga	bringen	:	*i brääch(d)*	ich brächte

Anmerkung: Das in dieser Gruppe – wie bei dem Zeitwort *braucha* – öfter anzutreffende ii in den gebogenen Formen wurde aus anderen Zeitwörtern übertragen.

3. die erste Vergangenheit der Möglichkeitsweise ist außerdem sowohl bei den Hilfszeitwörtern als auch bei den vergangenheits- und kurzformigen Zeitwörtern vorzufinden (man vergleiche dazu die diesen Wörtern gewidmeten Sonderkapitel). Beliebter, auf jeden Fall schneller zur Hand ist auch hier – wie bei der Möglichkeitsweise der Gegenwart – die Umschreibung mit „tun“:

i dääd dräffa, suacha, salba, fuadera	ich täte ...
du däädeschd dräffa usw.	du tätest ...

Zweite Vergangenheit (Wirklichkeits- und Möglichkeitsweise)

Sie ist d i e Zeit, die (in Verbindung mit den Hilfszeitwörtern haben und sein) gebraucht wird, wenn man von etwas hinter einem Liegenden berichtet:

Wirklichkeitsweise:

i hao' droffa, gsuachd, gsalbed, gfuadered ich habe getroffen, gesucht, gesalbt, gefüttert

i be' gloffa, uufgwachd, versalbed, gschdolbered ich bin gelaufen, aufgewacht, versalbt, gestolpert

Die Möglichkeitsweise ist noch gang und gäbe:

i hä(b) droffa usw.
i sei gloffa usw.

Dritte Vergangenheit (Wirklichkeits- und Möglichkeitsweise)

Da es im Schwäbischen keine erste Vergangenheit gibt, kann es logischerweise auch nicht die im Hochdeutschen übliche dritte Vergangenheit (ich hatte geschafft, war gelaufen) geben, sondern nur die komplizierteren, aber eigentlich gar nicht so unbeliebten Wendungen:

i hao' gschaffd gheed ich habe gearbeitet gehabt;
i be' ganga gwäa ich bin gegangen gewesen

Das gilt auch für die Möglichkeitsweise:

äar häb gschaffd gheed er habe gearbeitet gehabt;
sui sei ganga gwäa sie sei gegangen gewesen

Erste und Zweite Zukunft

In der Schriftsprache ist die erste Zukunft als Aussagezeit selten anzutreffen. Und in der schwäbischen Mundart eigentlich nie. Natürlich kann der Schwabe, besonders in Verbindung mit einer Zeitangabe, sagen: „Ich werde, du wirst usw. nächste Woche wieder da sein". Und er wird es auf seine Weise tun:

i wur, du wurschd, r wurd; miar, iar, se wea'n en dr nääschda Woch wiidr dòsei'

aber er sagt lieber, unter Verwendung der Gegenwart:

i be' en dr nääschda Woch wiidr dò ich bin nächste Woche wieder da, *du bisch* usw.

Tatsächlich hat die erste Zukunft, und auch das, was man grammatisch als „zweite Zukunft" bezeichnet, in der Mundart andere Funktionen, als Bevorstehendes anzukündigen. Nämlich die der

Vermutung:

d Aa'na wurd em Bedd sei' die Großmutter wird im Bett sein

da' Michl wea'n se nausgschmissa hao' den Michel werden sie hinausgeworfen haben

Bekräftigung:

dees wurd se weisa das wird sich weisen, herausstellen

dees wurd ball vrbei sei' das dürfte bald vorbei sein

Drohung:

uich wur e solla d Gosch vrschlaa! euch werde ich das Mundwerk verschlagen sollen!

Besänftigung:

wa wurd r ao schao' saa wella? was wird er auch schon sagen wollen?

wa wurd r ao schao' hao' wella saa? was wird er auch schon sagen haben wollen?

Die Grundform

Die Grundform wird im Schwäbischen mit der Endung *-a,* hochdeutsch -(e)n, wie sonstwo verwendet. Immerhin sind bei uns ein paar Besonderheiten zu vermerken:

1. Es gibt neben der reinen Grundform (*lacha* lachen, *biaga* biegen, *waggla* wackeln) auch eine abgewandelte auf *-ed,* die der mittelhochdeutschen auf -ende entspricht. Sie wird aber nur in Verbindung mit z (hochdeutsch: zu, mittelhochdeutsch: ze) angetroffen, meist mit Mengenangaben (wie: etwas, viel, nichts, wenig):

äbbes z ässed	etwas zu essen;
viil z läased	viel zu lesen;
nex z lached	nichts zu lachen;
wenig z kaofed	wenig zu kaufen

Lieber ist dem Schwaben allerdings die reine, zum Hauptwort erhobene Grundform mit „zum". Also:

äbbes zom Ässa
viil zom Läasa usw.

2. Auch bei den kurzformigen Zeitwörtern (hochdeutsch: geben, sehen und geschehen) ist in der Vollmundart die Endung -a vorhanden, nur daß sie durch die Nase gesprochen wird:

gea' geben; *gsea'* sehen; *gschea'* geschehen

Nur in der Halbmundart, so besonders in Stuttgart, ist diese Endung aufgelöst:

gä, gwä, gschä

3. Die übrigen kurzformigen Zeitwörter

hao' haben; *sei'* sein; *doa'* tun; *gao'* gehen; *lao'* lassen; *schdao'* stehen; *draa* tragen; *saa* sagen und *schlaa* schlagen (Näheres s. S. 141ff.)

waren entweder schon im Mittelhochdeutschen einsilbig, also ohne Endung -(e)n, oder sie verloren diese mit ihrem vorangehenden Mitlaut auf dem Weg zum Hochdeutschen.

4. Es gibt eine unvermittelte Grundform, die man immer wieder mal hört:

i uufschdao' ond ea'm oa'ne bacha isch oa's gwea' wörtlich: ich aufstehen und ihm eine langen, war eins; für: ich stand auf und versetzte ihm sogleich eine Ohrfeige.

5. Die Kombinationen um zu, ohne zu, statt zu sind nicht volkstümlich. Man umschreibt sie:

Sie ging auf den Hof, um dort zu spielen *se isch uf da' Hof ganga on hòd deerd gschbiild*

Sie standen da, ohne eine Bewegung zu machen *se sen dògschdanna on hen koa'n Muggser dao'*

statt etwas zu lernen, faulenzen sie *schdadd daß se äbbes läarned, faulee'zed se*

6. Beliebt ist die Grundform mit dem Zeitwort ‚tun':

statt: ich schlafe *i dua schlòòfa*

besonders in der Aufforderung:

dea'nd fei' uufbassa! paßt (fein) auf!

7. Wir benützen die Grundform mundartlich *gao'* für hochdeutsch „gehen" zur Bekräftigung einer Aussage:

diar muaß e gao' amòl d Lefidda läasa wörtlich etwa: ich muß (her)gehen und dir die Leviten lesen

(diese Wendung könnte in Anlehnung an *iaz gòòsch häar on liischd däam d Lefidda* jetzt gehst du her und liest dem die Leviten, entstanden sein)

selbst der Satz ist möglich:

iaz muaß e gao' gao' für: jetzt muß ich doch wohl gehen

8. nach der Grundform „brauchen" steht im Schwäbischen kein „zu":

du brauchst nur aufzupassen und nachzumachen *du brauchsch bloß uufbassa on nòòchmacha*

du brauchst nicht dauernd herumzustehen *du brauchsch ed äweil romschdao'*.

Das Mittelwort der Gegenwart

Das Mittelwort der Gegenwart (hochdeutsch: faulend, pflügend, lebend) gibt es im Schwäbischen nicht.

Zwar sehen ein paar Ausdrücke mit ihrer Endung -ed wie Mittelwörter aus, sind aber keine. Ihnen liegt vielmehr die mittelhochdeutsche Endung -eht zugrunde, die mundartlich gleichfalls zu -ed wird:

a gschäggeds Kiale ein „scheckichtes" Kühlein
a schdenggede Ziggarr eine „stinkichte" Zigarre

Statt des Mittelwortes der Gegenwart benützt der Schwabe Wörter mit der Endung -ech, hochdeutsch -ig, aber nur in Fällen, wo es sich um Eigenschaften handelt:

faulech faulig, faulend; *glee'zech* „glänzig", glänzend; sogar *blia-ech* „blühig", blühend; *a schlòòfechs Kenn* ein schlafendes Kind; (nicht möglich ist diese Ersatzlösung da,

wo ein Vorgang zur Debatte steht; also nicht: *a pfliagecher Bauer* ein pflügender Bauer)
von hochdeutsch: lebendig bleibt nur übrig: *läabech.*

Sonst bleibt nur die Umschreibung mit dem als bezügliches Fürwort dienenden Wörtchen „wo“:

dees Määdle wo heild das heulende Mädchen
däar Maa' wo saufd der saufende Mann

Das Mittelwort der Vergangenheit

Im Gegensatz zum Mittelwort der Gegenwart spielt das der Vergangenheit eine große Rolle. So ist auch vieles darüber zu vermerken:

1. es wird, wie in der Hochsprache, mit ge- gebildet. Doch ohne das e! Und infolge Angleichung (dazu s. Sonderkapitel) ist in der Mundart von der ganzen Vorsilbe oft überhaupt nichts mehr vorhanden. Das Wann und Wo ist so verzwickt, daß es einer Aufstellung bedarf:

a) vor den weichen und harten Verschlußlauten b, d, g und (soweit in der Mundart noch vorhandenen) p, t, k, sowie vor z fällt ge- ganz weg:

bacha gebacken; *didda* gedeutet; *glaubd* geglaubt; *paggd* gepackt; *dauschd* getauscht; *kenna* gekonnt; *zahld* gezahlt

b) vor Selbstlaut erscheint nur noch g:

gaggered geackert; *gässa* gegessen; *gebned* geebnet; *gibbsd* gegipst, aus: ge-ipst; *gobfered* geopfert; *guhuud* ge-uhut, uhu! geschrien

c) vor h, j, m, n, l, r, s, w bleibt ebenfalls nur g:

gheed gehabt; *gjuusged* gejauchzt; *gmachd* gemacht; *gnomma* genommen; *gloffa* gelaufen; *griafd* gerufen; *gsaud* „gesaut“, schnell gelaufen; *gwäa* gewesen

2. die hochdeutschen Mittelwortformen der Vergangenheit mit den Vorsilben be- und ver- zeigen sich im Schwäbischen wie diese, nur ohne das e:

bschissa beschissen, betrogen;
vrnaagled vernagelt (in der mundartlichen Form ist das r mehr oder weniger stark silbisch).

3. Bei den vergangenheitsformigen Zeitwörtern sind in der Mundart Grundform und Mittelwort der Vergangenheit von vornherein gleich, während die Hochsprache sie ja auch unterschiedlich behandeln darf:

i hao' därfa (auch: *däffa*), *kenna* (auch: *kee'da*), *meega, miassa, solla* (auch: *sodda*), *wella* ich habe dürfen, können mögen, müssen, sollen, wollen, oder auch: ich habe gedurft, gekonnt, gemocht, gemußt, gesollt, gewollt.

4. Mittelwort der Vergangenheit und Grundform klingen hochsprachlich wie schwäbisch auch bei einigen anderen Zeitwörtern dann gleich, wenn sie sich unmittelbar an die Grundform eines anderen Zeitworts anschließen:

i hao' de liiga lao' ich habe dich liegen lassen (nicht: gelassen)
i hao' dea'n schreia haira ich habe den(selben) schreien hören (nicht: gehört)
du hòsch se fahra sea' du hast sie fahren sehen (nicht: gesehen)
r hedd edd liaga braucha (auch: *briichda*) er hätte nicht (zu) lügen brauchen (nicht: gebraucht)

5. Bei den starken Zeitwörtern kann es infolge des Wegfalls der Vorsilbe ge- in der Mundart gelegentlich auch dazu kommen, daß Grundform und Mittelwort der Vergangenheit gleich lauten:

i muaß komma ich muß kommen; *i be' komma* ich bin gekommen
se will en Kuacha bacha sie will einen Kuchen backen
se hòd en Kuacha bacha sie hat einen Kuchen gebacken

6. Die Nachsilbe mhd. -et erscheint vollmundartlich als solche:

blòòged geplagt; *gfuadered* gefüttert; *gnoddled* genottelt, hin und her bewegt; *gobfered* geopfert; *gsalbed* gesalbt; *gschdee'bfled* gestempelt

oder sie ist halbmundartlich vielfach auch schon zu -d abgeschwächt:

blòògd, gfuaderd, gnoddld, gobferd, gsalbd, gschdee'bfld

Endet ein Zeitwortstamm auf -t, so fällt die Nachsilbe infolge Angleichung meistens ganz weg:

gheiròòd geheiratet; *koschd* gekostet

Die Befehlsform

Anweisungen, Aufforderungen, Befehle erteilt man im Schwäbischen üblicherweise nur

1. in der Du-Form:

gang(e) mr (a)wägg! bleib mir vom Leibe!
hao(e) aa! hau ab! mach dich aus dem Staube!

2. in der Ihr-Form:

lea'nd uich doch ei'salza! laßt euch doch einsalzen! macht doch, was ihr wollt!
glaobed doch dea' Schwendl ed! glaubt doch den Schwindel nicht!

3. Befehle in der Wir-Form, wie sie im Hochdeutschen geläufig sind (gehen wir! laßt uns gehen!) kann man bei uns eigentlich nur in stehenden Redensarten antreffen wie:

pagga mr s! laßt uns die Sache anpacken!
auf, nemma mr n! laßt uns ihn vornehmen!

Anmerkung 1: Vom Zeitwort *sein* wird nicht wie im Hochdeutschen die Möglichkeitsform, sondern die Wirklichkeitsform gebraucht:

sen Se so guad! seien Sie so gut!

Anmerkung 2: In der Du- und Ihr-Form treten die beiden Fürwörter gerne in den Befehl mit ein:

dua du dees! tu (du) das!
saget iar ehm dees! sagt (ihr) ihm das!

Anmerkung 3: In der Du- und Ihr-Form fühlt sich auch der sogenannte „ethische" Wemfall zuhause:

gang mr (a)weg! geh (mir) weg!
lassed mr bloß d Fenger drvoo'! laßt (mir) bloß die Finger davon!

4. Befehle, die an die Allgemeinheit gerichtet sind, können auch im Schwäbischen per Leideform erteilt werden:

iaz wurd uufgroomd! jetzt wird aufgeräumt!
dò wurd ed glei'seld! hier wird nicht geflüstert!

5. Die Umschreibung mit dem Hilfszeitwort tun – gerne mit dem Füllwort *fei'* verbunden – macht den Befehl freundlicher und milder:

dua de fei' zuadegga! tu dich zudecken!
dea'n fei' langsam ässa! tut langsam essen!

6. Die Befehlsformen gewisser Zeitwörter werden fast nur noch formelhaft angewendet und dabei gerne mit dem Wort *iaz* (jetzt) verbunden; wir notierten hier: aufpassen, gehen, gucken, horchen, kommen, machen und sagen:

iaz bass uuf on nemm de zeema! nimm dich zusammen!
iaz gang mr (a)weg: dò isch doch gar nex drbei! da ist doch gar nichts dabei!
iaz gugg amòòl, wa dò romlaofd! was läuft denn da herum?
ha horch, wa soll mr denn dò drgega doa'? was soll man denn dagegen unternehmen?
mach, daß de verdruggsch! verdrück dich!
sag amòòl: hòsch du dees wella? hast du das wollen?

Die Leideform

Die Leideform kommt nicht oft vor, und wenn, dann beschränkt sie sich auf einige typische Fälle, als da sind:

1. Aussagen, die sich auf Unbestimmt, Unbekannt beziehen:

dò wurd grad s Dach aadeggd da wird eben das Dach abgedeckt (genau so gut wie: *dò dea'n se grad s Dach aadegga*)
i be' ei'glada wòara ich bin eingeladen worden
(se hemme ei'glada)

2. Aussagen, die eine besonders gewichtige Feststellung enthalten:

ja, bei oo's wurd gschaffd, na'glangd! ja, bei uns wird gearbeitet, hingelangt!
bei dea'ne wea'n Se jò bloß bschissa! bei denen werden Sie ja nur betrogen!

3. nachdrückliche Aufforderungen (gerne mit dem Füllwort *fei'* verbunden):

iaz wurd (fei') naa'ghoggd! jetzt wird hingesessen!
dò wurd (fei') ed bloß dra'romgvischberled! da wird nicht bloß daran herumgevespert, herumgenagt!

Die Einstufung der Zeitwörter

Starke Zeitwörter

Starke Zeitwörter sind solche, die ihr Mittelwort der Vergangenheit – wie ihre Grundform – mit der mundartlichen Endung -a bilden, die der hochdeutschen -en entspricht:

bleiba bleiben
Mittelwort der Vergangenheit: *bliiba* geblieben

(die nach ihrem Stammablaut in verschiedene Klassen einzuteilenden starken Zeitwörter finden sich mit ihrer 1. Person der Gegenwart und ihrem Mittelwort der Vergangenheit auf Seite

47f. angeführt und mit ihren Möglichkeitsweisen auf den Seiten 120f. und 122f.)

Schwache Zeitwörter

Schwache Zeitwörter nennt man solche, die ihr Mittelwort der Vergangenheit mit der Endung -d, hochdeutsch -t, bilden:

fròòga fragen
Mittelwort der Vergangenheit: *gfròògd, gfròòged* gefragt

Nur wenige von ihnen weisen eine erste Vergangenheit in der Möglichkeitsweise auf *(fròòga* hat seltenes: *fruag, friag)*. Außerdem behalten sie üblicherweise in allen Biegungsformen den gleichen Stammlaut bei:

horcha horchen; *ghorchd* gehorcht; *glaoba* glauben; *glaobd* geglaubt; *wissa* wissen; *i wiißd* ich wüßte; *gwißd* gewußt.

Hilfszeitwörter

Das Schwäbische kennt ein Hilfszeitwort mehr als das Hochdeutsche, nämlich außer *hao', han, ha, ho, hong* haben; *sei', sing* sein und *wäarda, wäara, wärra, wärda* werden auch noch *doa', dua, doo'* tun:

mit dem Mittelwort der Vergangenheit verbunden:

i hao' (usw., s. u.) *gsaid* ich habe gesagt
i be' (usw.) *gloffa* ich bin gelaufen
i wur (usw.) *gfròògd* ich werde gefragt

mit der Grundform oder mit einem Hauptwort verbunden:

i dua lacha
s duad en Gnaller es knallt (tut einen Knaller)

Anmerkung: Nur mit „sein" (und nicht dazuhin, wie vielfach im Deutschen, auch mit „haben") verbindet man im Schwäbischen gewisse Zeitwörter, so: *i be' gsässa* ich bin (oder: habe) gesessen; *i be' gschdan(d)a* ich bin (oder: habe) gestanden.

Diese Hilfszeitwörter haben nicht nur eine (je nach Gegend) mundartlich sehr unterschiedliche Gestalt. Sie wechseln auch während ihres Gangs durch die Zeiten und Personen – wie die starken Zeitwörter – ihren Stammselbstlaut. Im einzelnen sieht das so aus:

Gegenwart (Wirklichkeitsweise):

i hao', han, hon, ha, ho		ich habe
du hòschd, haschd, häschd		du hast
r hòd, had, häd		er hat
miar		wir haben
iar	*hend, hand, hond, hao'd, häbe*	ihr habt
se		sie haben

i be', bai', ben, bi		ich bin
du bisch(d)		du bist
r isch(d)		er ist
miar		wir sind
iar	*send, sei-n-e, seie*	ihr seid
se		sie sind

i wu(u)r, wä(a)r, wi(a)r		ich werde
du wu(u)(r)sch(d)		du wirst
r wu(u)(r)d		er wird
miar		wir werden
iar	*wäar(d)ed, wärred, wäand, wand,*	ihr werdet
se	*wend, wärdet*	sie werden

i dua(r)		ich tue
du dua(r)schd		du tust
r dua(r)d		er tut
miar		wir tun
iar	*dea'nd, doa'nd, dand, dond, dend*	ihr tut
se		sie tun

Anmerkung: Die Formen *häbe* und *seie* bzw. *sei-n-e,* die da und dort – so auf den Fildern – anzutreffen sind, übertrugen sich aus der Möglichkeitsweise (s. nächster Abschnitt).

Gegenwart (Möglichkeitsweise):

i hä(b), du häbeschd, r hä(b)		ich habe, du habest, er habe
miar	*häbed, häbe*	wir –
iar		ihr habet
se		sie –
i sei, du seieschd, r sei		ich sei, du seiest, er sei
miar	*seied, seie, sei-n-e*	wir seien
iar		ihr seiet
se		sie seien
i wä(a)rd, du wä(a)rdeschd, r wä(a)rd		ich werde, du werdest, er werde
(Mehrzahl nicht üblich)		
i dia(g), du dia(ge)schd, r dia(g)		ich tue, du tuest, er tue
miar	*diad, diaged, diared, diare, diane*	wir tuen
iar		ihr tuet
se		sie tuen

Vergangenheit (nur: Möglichkeitsweise):

i hedd, du heddeschd, r hedd		ich hätte, du hättest, er hätte
miar	*hedded, hedde*	wir hätten
iar		ihr hättet
se		sie hätten
i wäär, du wäreschd, r wäär		ich wäre, du wärest, er wäre
miar	*wääred, wääre*	wir wären
iar		ihr wäret
se		sie wären

i wiir, wuur, du wiireschd, wuureschd, r wiir, wuur	ich würde, du würdest, er würde
miar } *wiire(d), wuure(d)*	wir würden
iar } *wiire(d), wuure(d)*	ihr würdet
se } *wiire(d), wuure(d)*	sie würden
i dää(d), däar, du dää(d)eschd, däareschd, r dää(d), däar	ich täte, du tätest, er täte
miar } *dääded, däädе, däared, däare*	wir täten
iar } *dääded, dääde, däared, däare*	ihr tätet
se } *dääded, dääde, däared, däare*	sie täten

Befehlsform:

hä(b), häbed a Ruah! halte, haltet Ruhe!
sei zfriida! auch: *bi(i)s zfriida!* (alte mittelhochdeutsche Form!) sei zufrieden!

In der Mehrzahl tritt allerdings eigenartigerweise die Wirklichkeitsweise auf:

send zfriida! seid zufrieden!
send fei' a'schdendech! seid (fein) anständig!

Anmerkung: Eigentümlich ist die Verwendung der vergangenheitlichen Möglichkeitsweise in den oft zu hörenden Redensarten der Umgangssprache: *I hedd dò (gärn) a Fròòg!* für: ich habe da eine Frage! *dò wär noh a Blazz frei!* da ist noch ein Platz frei!

Mittelwort der Vergangenheit

Bei „haben" herrschen die schwachen Formen vor:

gheed, ghedd, ghädd gehabt
neben der (um Tuttlingen noch zu hörenden) starken:
gha' wörtlich: „gehan"

Bei „sein" überwiegen die starken Formen:

gwäa, gwea', sogar (um Immenstadt) *gwäacha,* sowie *gsei'* und *gsee'* gewesen bzw. „gesein" neben der schwachen (noch um Backnang heimischen) *gwäsd,* wörtlich: „gewest"

Von „werden" hört man noch die fünf starken Formen:

wòarda, wòada, wòara, wòra, worda geworden

und von „tun":

dao' neben dem stuttgarterischen: *do'* getan

Anmerkung: Besonders auffallen muß die im Vorschwarzwald gelegentlich noch auftauchende Kombination: *I bai' gsei' gheed* für ungefähr: ich war gewesen.

Vergangenheitsformige (modale) Zeitwörter

In die Klasse der vergangenheitsformigen Zeitwörter reihen sich diejenigen ein, deren Mittelwort der Vergangenheit sich normalerweise nicht von ihrer Grundform unterscheidet:

Grundform:

braucha	brauchen
därfa, däffa (Stuttgarterisch: *dirfa*)	dürfen
kenna	können
meega	mögen
miassa	müssen
solla	sollen
wella	wollen

Mittelwort der Vergangenheit:

braucha, aber auch: *briichda*	brauchen	und	: gebraucht
därfa, däffa (Stuttg.: *dirfa*)	dürfen	und	: gedurft
kenna	können	und	: gekonnt
meega, aber auch: *me(e)chda*	mögen	und	: gemocht
miassa	müssen	und	: gemußt
solla, aber auch: *sodda*	sollen	und	: gesollt
wella	wollen	und	: gewollt

Anmerkung: Die von der normalen Form manchenorts abweichenden Lautungen *briichda, me(e)chda* und *sodda* haben ihr d in Anlehnung an die schwachen Zeitwörter übernommen.

Von den Biegungszeiten dieser Zeitwörter interessieren:

die Gegenwart (Wirklichkeitsweise):

i dä(r)f		ich darf
du dä(r)schd		du darfst
r dä(r)f		er darf
miar		wir dürfen
iar	*därfe(d), däffe(d),* auch: *dirfe(d), diffe(d)*	ihr dürft
se		sie dürfen
i ka'		ich kann
du ka'schd		du kannst
r ka'		er kann
miar		wir können
iar	*kenned, kennd, kenne*	ihr könnt
se		sie können
i ma'(g)		ich mag
du ma'(g)schd		du magst
r ma'(g)		er mag
miar		wir mögen
iar	*meeged, meege*	ihr mögt
se		sie mögen
i muaß, moß		ich muß
du muaschd, moschd		du mußt
r muaß, moß		er muß
miar		wir müssen
iar	*miaß(e)d, miaße, miand, mand, mond*	ihr müßt
se		sie müssen
i soll		ich soll
du sollschd		du sollst
r soll		er soll

miar } *solled, solle*	wir sollen
iar	ihr sollt
se	sie sollen
i will	ich will
du widd (mhd. wilt)	du willst
r will	er will
miar } *well(e)d, welle, wea'nd, wai'd, wand, wend*	wir wollen
iar	ihr wollt
se	sie wollen

die Gegenwart (Möglichkeitsweise):

i di(r)f, diif	ich dürfe
du di(r)feschd, diifeschd, dä(r)feschd	du dürfest
r di(r)f, diif	er dürfe
miar } *di(r)fe, diife, dä(r)fe*	wir –
iar	ihr dürfet
se	sie –
i kenn	ich könne
du kenneschd	du könnest
r kenn	er könne
miar } *kenne*	wir –
iar	ihr könnet
se	sie –
i meeg	ich möge
du meegeschd	du mögest
r meeg	er möge
miar } *meege*	wir –
iar	ihr möget
se	sie –
i miaß	ich müsse
du miaßeschd	du müssest
r miaß	er müsse
miar } *miaße*	wir –
iar	ihr müsset
se	sie –

– (selten: *i sell*)	ich solle
du solleschd (selleschd)	du sollest
– *(r sell)*	er solle
miar }	wir –
iar } *solle, selle*	ihr sollet
se }	sie –
i well	ich wolle
du welleschd	du wollest
r well	er wolle
miar }	wir –
iar } *welle*	ihr wollet
se }	sie –

die erste Vergangenheit (Wirklichkeitsweise):

existiert nicht

die erste Vergangenheit (Möglichkeitsweise):

i diifd	ich dürfte
du diifdeschd	du dürftest
r diifd	er dürfte
miar }	wir dürften
iar } *diifded, diifde*	ihr dürftet
se }	sie dürften
i kee'd, kennd	ich könnte
du kee'deschd, kenndeschd	du könntest
r kee'd, kennd	er könnte
miar }	wir könnten
iar } *kee'ded, kennded, kee'de, kennde*	ihr könntet
se }	sie könnten
i meechd, mechd	ich möchte
du me(e)chdeschd	du möchtest
r me(e)chd	er möchte
miar }	wir möchten
iar } *meechded, mechded, meechde, mechde*	ihr möchtet
se }	sie möchten

i miißd, miaßd	ich müßte
du miißdeschd, miaßdeschd	du müßtest
r miißd, miaßd	er müßte
miar } *miißded, miaßded, miißde, miaßde*	wir müßten
iar } *miißded, miaßded, miißde, miaßde*	ihr müßtet
se } *miißded, miaßded, miißde, miaßde*	sie müßten

i sodd, sedd	ich sollte
du soddeschd, seddeschd	du solltest
r sodd, sedd	er sollte
miar } *sodded, sodde, sedded, sedde*	wir sollten
iar } *sodded, sodde, sedded, sedde*	ihr solltet
se } *sodded, sodde, sedded, sedde*	sie sollten

i wedd	ich wollte
du weddeschd	du wolltest
r wedd	er wollte
miar } *wedded, wedde*	wir wollten
iar } *wedded, wedde*	ihr wolltet
se } *wedded, wedde*	sie wollten

Kurzformige Zeitwörter

Zu den kurzformigen Zeitwörtern rechnet man diejenigen, die von alters her oder durch späteren Lautwegfall in ihrer Grundform (aber auch in vielen anderen Formen) einsilbig sind. Es handelt sich um:

Grundform:	Mittelwort der Vergangenheit:
gao', gaa', goo', goo, gang, gong, (ganga) gehen	*ganga* gegangen
lao', laa', loo', loo, lang, long, (lòssa), (lassa) lassen	*glao', glaa, gloo, gloo', glang,glong, glòssa, glassa,* schwach: *glasd* gelassen

schdao', schdaa', schdoo', schdoo, schdong, (schdanna), (schdanda) stehen	*gschdanda, gschdanna* gestanden
gea', gea, gäa, gää, (gäbba) geben	*gea', gea, gäa, gää, gäbba* gegeben
(g)sea', (g)sea, (g)säa, (g)sää sehen	*gsea', gsea, gsäa, gsää* gesehen
draa, (draaga) tragen	*draaga* getragen, schwach: *draid*
saa, (saaga) sagen	*gsaid, gsäid, gseed, gsääd, gsaggd* gesagt
schlaa, (schlaaga) schlagen	*gschlaaga* geschlagen

Diese kurzformigen Zeitwörter – ein paar umgangssprachliche Langformen zu ihnen haben wir in Klammer gesetzt – wechseln in besonders vielfältiger Weise, die wir in der Liste nicht durchweg berücksichtigen konnten, ihren Stammselbstlaut, und das am meisten innerhalb der

Gegenwart (Wirklichkeitsweise):

i	*gang, gao', goo'*	ich gehe
du	*gòòschd, gaschd*	du gehst
r	*gòòd, gòdd, gadd*	er geht
miar	*gange(d), gea'nd, gao'd, goa'nd*	wir gehen
iar	*gand, gend, gond*	ihr geht
se		sie gehen
i	*laß, lòß, lao', loo'*	ich lasse
du	*lòòschd, laschd, leschd*	du läßt
r	*lòòd, ladd, leßd*	er läßt
miar	*lea'nd, lao'd, land, lend, lond,*	wir lassen
iar	*lassed* (so in Stuttgart)	ihr laßt
se		sie lassen
i	*schdand, schdann, schdao', schdoo'*	ich stehe
du	*schdòòschd, schdaschd*	du stehst
r	*schdòòd, schdadd*	er steht

miar	*schdande(d), schdanned, schdea'nd,*	wir stehen
iar	*schdao'd, schdand, schdend,*	ihr steht
se	*schdond*	sie stehen

i gei, gii	ich gebe
du geischd, giischd, gischd	du gibst
r geid, giid, gidd	er gibt

miar	*gea'nd, gai'd, gand, gend, gond, gäabe,*	wir geben
iar	*gäbbed* (so in Stuttgart)	ihr gebt
se		sie geben

i gsii	ich sehe
du gsiischd	du siehst
r gsiid	er sieht

miar	*gsea'nd, gsea'ne(d), gsähe,*	wir sehen
iar	*gsähed* (so in Stuttgart)	ihr seht
se		sie sehen

i draa(g)	ich trage
du draischd, dreeschd, drechschd	du trägst
r draid, dreed, drechd	er trägt

miar		wir tragen
iar	*draage(d)*	ihr tragt
se		sie tragen

i saa(g)	ich sage
du saischd, sechschd (so in Stuttgart)	du sagst
r said, sechd	er sagt

miar		wir sagen
iar	*saage(d)*	ihr sagt
se		sie sagen

i schlaa(g)	ich schlage
du schlaischd, schleeschd, schlechschd	du schlägst
r schlaid, schleed, schlechd	er schlägt

miar		wir schlagen
iar	*schlaage(d)*	ihr schlagt
se		sie schlagen

Die Gegenwart (Möglichkeitsweise) kennt die Formen:

du gangeschd, r gang	du gehest, er gehe
du lasseschd, r lass	du lassest, er lasse
du schdan(d)eschd, r schdan(d)	du stehest, er stehe
du gääbeschd, r gää(b)	du gebest, er gebe
du gsäheschd, r gsäh	du sehest, er sehe
du draageschd, r draag	du tragest, er trage
du saageschd, r saag	du sagest, er sage
du schlaageschd, r schlaag	du schlagest, er schlage

Die erste Vergangenheit (Möglichkeitsweise):

i geeng(d), du geeng(d)eschd	ich ginge, du gingest
i liiß(d), du liiß(d)eschd	ich ließe, du ließest
i schdeend, du schdeendeschd	ich stünde, du stündest
i gääb(d), du gääb(d)eschd	ich gäbe, du gäbest
i gsää(d), du gsää(d)eschd	ich sähe, du sähest
i driag, du driageschd	ich trüge, du trügest
(bei *saa* sagen nicht vorhanden)	–
i schliag, du schliageschd	ich schlüge, du schlügest

Anmerkung: Das von uns in Klammer gesetzte *d* ist offensichtlich aus der Biegung der schwachen Zeitwörter übernommen. Wenn es nicht hinzugefügt wird, ergeben sich Überschneidungen mit der Gegenwarts-Möglichkeitsweise bei den Wörtern *gäa* geben und *gsäa* sehen.

Die Befehlsform:

gang! gange! gehe!	*ganged! gea'nd! gao'd! goa'nd! gand! gend! gond!* gehet!
schdan(d)! schdande! stehe!	*schdan(d)ed! schdea'nd, schdao'd! schdoa'nd! schdand! schdend! schdond!* stehet!
gei! und *gii!* gib!	*gea'nd! gea'ned! gai'd! gand! gend! gond!* (Stuttgart: *gäbbed!*) gebt!

(keine Befehlsform von *gsea'* sehen; wird durch *gugga* gucken ersetzt)

draag! draage! trage! *draaged!* tragt!
saag! saage! sage! *saaged!* sagt!
schlaag! schlaage! schlage! *schlaaged!* schlagt!

Das Mittelwort der Vergangenheit (siehe oben bei der Grundform)

Anmerkung: Eine formelhafte Verwendung findet im Schwäbischen das Zeitwort *gao'* gehen: in Sätzen wie: *dir will e gao' saga* wörtlich: dir will ich gehen sagen für etwa: dir will ich nunmehr sagen; oder sogar: *i muaß gao' gao'* (wörtlich: ich muß gehen gehen) für etwa: ich muß wohl gehen.

Hochdeutsch stark, schwäbisch schwach und umgekehrt

Da es im Schwäbischen keine erste Vergangenheit gibt, kann bei einem Zeitwort nur das Mittelwort der Vergangenheit Auskunft geben darüber, ob man ein starkes oder ein schwaches Zeitwort vor sich hat.

1. Starke Biegungsweise gegenüber schwacher im Hochdeutschen kann man – je nach der Gegend, in der man sich gerade aufhält – antreffen in:

   bauba gebaut; *blauba* gebleut; *bronga* gebracht; *didda* gedeutet; *discha* getäuscht; *ghongga* gehinkt; *gicha* geeicht; *glidda* geläutet; *gnossa* geniest; *gruia, grauba* gereut; *gschniia, gschnauba* geschneit; *gschombfa* geschimpft; *gwongga* gewinkt; *gwao'scha* gewünscht; *zon(d)a* gezündet

2. Schwache Biegungsweise gegenüber starker:

   gärd gegoren; *gheebd* gehoben; *gmälgd* gemolken; *griafd* gerufen; *gsaugd* gesogen; *gschei'd* geschienen; *verschobbd* verschoben; manchenorts auch: *gwäschd* gewaschen; *gwäsd* gewesen

3. Anderer Stammlaut als im Hochdeutschen tritt auf in:

   beegl(e)d gebügelt; *brennd* gebrannt; *denggd, däächd* gedacht; *grennd* gerannt; *glaid* gelegt; *gwißd* gewußt; *kennd* gekannt; *bschnodda* beschnitten, enganliegend; *glao'* gelassen; *gloosa* gelesen; *gloffa* gelaufen; *gschòada* geschieden; *gschroua* geschrien; *därfa, däffa* dürfen (gedurft); *wella* wollen (gewollt); *ei'neschobba* hineinschieben

4. Einer Mischung zwischen schwacher und starker Biegungsweise kann man begegnen in:

briichda brauchen (gebraucht); *kee'da* können (gekonnt); *sodda* sollen (gesollt)

WÖRTER AUS FREMDEN SPRACHEN

Aus dem Keltischen

Kelten, die Europa von dessen Norden bis nach Kleinasien hinein durchstreiften, bevölkerten unser Land ab der Hallstattzeit, also ab 750 v. Chr. Sprachliche Spuren von ihnen finden sich vor allem noch in:

Flußnamen:

Ammer	*ambara*	Kocher	*coccara*
Argen	*argona*	Körsch	*corissa*
Brege	*bregaha*	Kupfer	*cupara*
Brenz	*barantia*	Metter	*matissona*
Brigach	*brigaha*	Murr	*murra(ha)*
Donau	*danubius*	Nagold	*nagalt(un)a*
Echaz	*achantia*	Neckar	*nicara*
Enz	*antia*	Schaich	*schaginaha (?)*
Erms	*armissa*	Tauber	*dubara*
Fils	*filissa*	Wiesatz	*visantia*
Iller	*illara*	Wieslauf	*visilaffa*
Jagst	*iagissa*		

(*-affa, -aha, -ara, -issa* haben sich dabei als Bezeichnungen für „Wasser" herausgestellt)

Ortsnamen:

Brie *briga* (Brücke), Vorstadt von Bad Cannstatt, an der alten Neckarbrücke gelegen

Bregenz	*briga + antia*	Kempten	*cambodunon*
Kisslegg	*cissiliacon*	Lorch	*lauriacum*
Nagold	*nagalt(un)a*		

Sülchen *sumelocenna,* Vorort von Rottenburg

aber auch ein so deutsch klingender Name wie Wiesensteig *visont(ion) + Steig*

(*-dunon, -tuna* sind dabei Bezeichnungen für „Berg“, „höher gelegene – oft umzäunte – Flur“; vgl. die Bergnamen Donon in den Vogesen, Taunus, Tuniberg oder auch nur das Wort „Düne“)

Keltischen Ursprungs sind wahrscheinlich auch die Namen, deren Herkunft offenbar noch nicht einhellig geklärt ist, wie:

Cannstatt *candi, condi?* + Statt (= Stätte?)

Upflamör, nordwestlich von Riedlingen, mit einer keltischen Heuneburg in der Nähe

Bergnamen:

Sicher der umständlich-barock geschriebene Name unsres Staates:

Württemberg: *viro* (Mannsname) + *dunon* (Bergkuppe, vgl. o.) (Virodunon ergibt Virden-, Wirtem-, Württem-; Wörter, an die nochmal extra „Berg“ angehängt wurde)

Sehr wahrscheinlich sind keltischen Ursprungs auch:

Achalm	Asperg
Ipf	Neuffen
Teck	(Hohen)Twiel
Zollern	

Aus dem Lateinischen

Von den Wörtern, welche die Hochsprache aus dem Lateinischen (über römische Besatzungstruppen, später über die Lateintexte der Kirche) mitübernommen hat, wie Essig < acidus, Fenster < finestra, Mauer < murus, Wein = vinum usw., sei hier gar nicht die Rede, dagegen von solchen, die sich gerade im Volksmund eingenistet haben und darin bis zum heutigen Tage seßhaft geblieben sind. Zu ihnen zählen:

aggraad accuratus, so in der Redensart: *dees schdemmd hòòr-aggraad* das stimmt ganz genau
badengga betonica, Schlüssel- und andere Blumen
baraad paratus, bereit
bräschdiara praestare, so in der Redensart: *i kaa' de oa'fach ed bräschdiara* ich kann dich einfach nicht ausstehen
Bräzel bracellum, Brezel = ärmchenförmiges Salzgebäck, neben:
Bräzed braciatum (Grundform: bracchium, Arm)
Dääds testa (Scherben), verächtlich für: Kopf
Dòarschech torso, Krautstengel
Eern area, Hausflur
dischgeriara discurrere, sich lebhaft unterhalten
Feel filia, in manchen Gegenden: die älteste Tochter
Femmla femella, kurzer, feiner Hanf
Fidid vidit, Unterschrift
Fiduuz fiducia, Vertrauen, so in der Redensart: *dui hòd Fiduuz uf mi* die hat ein Auge auf mich
Guuglopf cucullus, Hefegebäck in Topfform
Kaaf cavum, kleines, schlechtes Gemach
Käar(n) carnarium, Keller
Keener canalis, Dachrinne
maudera mutare, sich nicht wohlfühlen, dazu:
maudrech unwohl, kränklich
Moodl modulus, Model, Hohlform für Gebäck
Òòdrameene agrimonia, Steinwurz (zur Teebereitung geeignet)
pär per, auf und davon, so in der Redensart: *däar isch pär*
puur purum, rein, ohne Zutaten, so in der Redensart: *dees isch s puure Läddagschwäzz* das ist das reine „Letten"gerede (dummes Gerede)
Schbäzzla Küchenlatein: spezzare = schaben, beliebtes schwäbisches, aus Teig geschabtes Tischgericht, gerne mit Kartoffelsalat gereicht
Zibeeb Küchenlatein: zibibum, dürre Weinbeere, Kochrosine

Aus dem Französischen

Nicht von ungefähr ist die Zahl der aus dem Französischen übernommenen Wörter bei uns besonders groß: unser Land Württemberg, das zuvor Herzogtum gewesen und „Wirtemberg“ geschrieben worden war, verdankt nämlich sowohl seine Vergrößerung (indem man ihm eine ganze Reihe zuvor eigenstaatlich gewesener ein- und angrenzender Gebiete zuteilte) als auch seine Höherstellung (indem es den Titel „Königreich“ annehmen durfte) der Gnade Napoleons I. von Frankreich.
Dieser hatte besagten Aufstieg begünstigt und bewerkstelligt. Natürlich nicht ohne daß die Württemberger dafür ihren Tribut zu zahlen gehabt hätten. Vor allem durch die Tatsache, daß sie sich nunmehr mit Napoleon (im Rheinbund) militärisch verbünden mußten. Das wirkte sich als verheerend in dessen Feldzug gegen Rußland aus: württembergische Soldaten – so die Königin-Olga-Grenadiere – zogen damals, 1813, mit als erste in Moskau ein. Doch von den 15800 Aufgebotenen kamen nur knapp 500, und diese meist verkrüppelt oder krank, wieder in ihre Heimat zurück.
Die Verbindung mit den Franzosen in jener Zeit hat unseren Vorfahren einen Vokabelschatz eingetragen, der sich völlig mit dem einheimischen verschmolz und der bis zum heutigen Tage im Volksmund immer noch „aufs Dabeed“ kommt. Dabei fällt auf, daß gewisse Wörter auf dem Weg vom Französischen zu uns ihre Bedeutung wandelten.

Es seien folgende Vokabeln herausgezogen:

Antukka en tout cas, Schirm;
apparde à part, insbesondere;
baddera battre, jemanden verhauen;
Baggaasch bagage, Schimpfwort im Sinne von: Bande
barduu partout, unbedingt;
Bassledaa' in der Redensart: *zom Bassledaa'* pour passer le temps, zum Zeitvertreib;

Biffee buffet, Wandschrank;
Blaffoo' plafond, Zimmerdecke;
Blamaasch blâmer, Schande, dazu
blamiara, sich –, sich bloßstellen;
Boddschamberle pot de chambre, Nachttopf;
brässand pressant, eilig;
brässiara presser, in Eile sein;
Bredullje bredouille, Verlegenheit;
Briis prise, Schnupftabak;
Buudl bouteille, Trinkflasche;
bussiara pousser, sich in Liebeleien einlassen, dazu
Bussaasch poussage in der Bedeutung: Liebschaft, Liebhaber(in);
Damsl demoiselle, linkische Jungfer
diisama doux, douce, leise sprechen;
duddmeem tout de même, ganz und gar;
duuschuur toujours, in einem fort;
Eddaschäärle étagère, Wandaufsatz;
Fande enfant (?), junger Springinsfeld;
fideel fidèle, lustig;
fisidiara visiter, im Sinne von: durchsuchen;
Fisidd visite, so in: *a Kaffeefisid(le),* ein Kaffeekränzchen;
Fissaasch visage, Gesicht (in abwertendem Sinn);
fraa'schamaa'sch franchement, freiweg
Gugg coque, Tüte;
Guggommer concombre, Gurke;
Guu goût, in der Redensart: *dees hòd en Guu* das riecht unangenehm nach etwas;
Hägglapaasch équipage, in der Bedeutung: Durcheinander, auch: Gelumpe;
Kannabee canapé, Sofa;
Kannafass canevas, grobe Leinwand;
Kiwiif qui vive, in der Redensart: *ufm Kiwiif sei'* auf dem Damm sein;
kommood commode, bequem;
konfuus confus, verwirrt, durcheinander;

Kurrasche courage, Mut;
kurraschiird mutig;
Lafeed lafette, verächtlich für: Mundstück;
Lamberii lambris, Wandverschalung;
loschiara, Loschiihärr loger, mieten, Untermieter;
malaad malade, krank;
Migge méchanique, Wagenbremse, mit Zeitwort:
migga bremsen;
Muggafugg mocca faux, Gerstenkaffee;
Pa(r)däär parterre, Erdgeschoß;
raar rare, selten;
Raasch rage, Wut, in der Redensart: *dees brengt me en Raasch* das bringt mich in Wut;
Ragallje racaille, Rasselbande;
redduur retour, zurück, rückwärts;
Rulloo rouleau, Vorhang;
sä, säddò c'est ça (?) in der Bedeutung: da, nimm!;
Schabbele und *Schäbbele* chapeau, alte, schäbige Kopfbedeckung;
Schaddamoräll Château Morelle, Sauerkirsche;
Schallesii jalousie, Rolladen;
schalluu jaloux, in der Bedeutung: verrückt;
schassa chasser, fortjagen;
der Schässloo chaiselongue, Liegesofa;
Schees chaise, Kutsche;
scheniara gêner, verlegen sein, auch: stören (*dees scheniird oan* das stört einen), dazu:
schenand gênant, verlegen;
Soos sauce, Tunke;
wadradäär ventre à terre, in gestrecktem Galopp;
Waschlafoor laver, Waschschüssel;
wissawii vis-à-vis, gegenüber; Redensart: *dui hao-n-e graad em Wissawii* die steht mir gerade gegenüber

In spaßiger Weise verwenden wir gerne Wörter wie:

mei' Awäggle avec = mit, meine Ehehälfte;

a Duuschuurle toujours = immer, ein funktionierendes Feuerzeug;

a Peddääderle peut-être = vielleicht, ein nur dann und wann funktionierendes Feuerzeug.

Aus dem Hebräischen

Das jahrhundertelange Zusammenleben von Juden mit Einheimischen in unseren Städten und Dörfern mußte logischerweise auch jiddischen Wörtern zum Eingang in unsere Volkssprache verhelfen. Sie sind genauso in diese eingeschmolzen worden wie Fremdwörter anderer Herkunft. Hier seien nur einige angeführt:

Bleide Bankerott; *mao* ziemlich unwohl, unbedeutend, unvollkommen; *meschugge* übergeschnappt, verrückt; *miis* schlecht, übel; *Schduss* Streit, Händel; *Schlamassl* Durcheinander; *Schmuu* betrügerisches Gehabe; *schmuusa* einander abknutschen; *schoofl* niederträchtig, gemein

Aus dem Anglo-Amerikanischen

Wörter aus dem Anglo-Amerikanischen, wie aquaplaning, establishment, fit, gag, handicap, hit, image, „in“ sein, kidnapper, know-how, sich trimmen, show, trend und dergleichen, die sich seit Ende des Zweiten Weltkriegs in unserer Hochsprache breitgemacht haben, sind bis dato noch kaum in unser Schwäbisch eingedrungen. Dazu fehlte es dem Durchschnittsschwaben allein schon an der nötigen Kenntnis des Englischen. Und, wenn er sie hätte: so leicht wie die französischen gehen ihm die englischen Wörter (die zudem einer ihm noch weithin fremden Gedankenwelt entstammen) von der Aussprache her nicht ein.

So gesehen, sind Sätze wie

I muaß me dremma, damid e fidd bleib ond ao mei' eißers Immidsch bhald, oder

Beim Agwableining kommds ufs Nouhao a'! Ond dò ben i ghändikäbbd
Ich muß mich trimmen, damit ich fit bleibe und auch mein äußeres Image behalte
Beim Aquaplaning kommt es aufs Knowhow an! Und da bin ich gehandicapped

allenfalls parodistisch aufzufassen.

Wie viele unserer altheimischen Wörter allerdings von einst – der germanischen Frühzeit – her bei uns wie im Englischen auftauchen, mag eine Liste solcher Wörter andeuten wie:

ällwäag always; *bäärech* barely; *Dubbl* dub; *gniala* to kneel; *Graddl* graddle; *haufa* to heave; *huudla* to huddle; *lubfa* to loop; *Luuse* on the loose; *onnawäag* anyway; *säälech* silly; *Schliafa* sleeve; *schmeißa* to smite; *wiifla* to weave

Schwäbisch-International

Daß man einen Schwaben, wenn man nicht aufpaßt oder sich nicht auskennt, für den Vertreter eines anderen europäischen, ja sogar außereuropäischen Landes halten kann, mögen folgende zu diesem Zweck kombinierte Wortspielereien ins Ohr rufen. Je nachdem klingt dann schwäbisch wie:
portugiesisch:

I hao' de mei' koa' oa'zechs Mòòl verwao'scha ich habe die meinige kein einziges Mal verwünscht
i hao' nao' miassa doa' wa dia ao schao' dao' hen ich habe nur müssen tun, was die auch schon getan haben

italienisch:

Wenn de dees nommòòl saisch, nòò schlaa-n-i dii zondrii wenn du das noch einmal sagst, dann schlage ich dich über den Haufen

tschechisch:

hòd r dr s bschdelld? hat er dir es bestellt?
du bisch mr z gschdriigld du bist mir zu gestriegelt
dr Zweedr isch mr z bschnodda der Sweater ist mir zu beschnotten (enganliegend)

türkisch:

dees sag i dir ed, ond wenn de widdisch wursch das sage ich dir nicht, und wenn du (darüber) wütend wirst

chinesisch:

en dem Gang dren isch mr s z eng in dem Gang drin ist es mir zu eng;
d Sonn scheind grad so schee' z Diibeng wia z Baggnang oddr z Teddnang die Sonne scheint in Tübingen gerade so schön wie in Backnang oder Tettnang.

AUFFALLENDE WÖRTER AUS DEM EIGENBEREICH

Übersteigerte Wörter

Die Volkssprache – und das trägt zu ihrer Farbigkeit und Deftigkeit bei – liebt es noch mehr als die Hochsprache, einen Ausdruck zu übersteigern. Die Hochsprache beläßt es bei bestimmten Schablonen (Berserkerkraft, Bombensache, Heidenangst; aalglatt, bärenstark, blitzblank), aber die Mundarten – und die schwäbische vorneweg – greifen da ins Volle und bringen Einmalig-Urwüchsiges zutage. Davon zeugen folgende Proben:

1. Kombination Hauptwort/Hauptwort:

Goddes- *-Kirbe, -Glomb* „Gotteskirchweih", -Gelumpe = besonders mißratene Handlung, übles Zeug
Jeeses- *-Raffl* „Jesusmundwerk" = übles Mundwerk
Herrgodds- *-Bachl* Dummkopf
Heilands- *-Glomb* „Heilandsgelumpe"
Deifls- *-Zeigs* Teufelszeug
Allmachts- *-Wargl, -Daggl* dickes Weib, Dummkopf
Greiz- *-Luadr* „Kreuzluder" = verdammtes Luder
Sau- *-Wuad, -Bagaasch, -Gosch* besondere(s) Wut, Pack, Mundwerk
Honds- *-Kommeede* „Hundskomödie"
Hura- *-Glomb* Hurengelumpe
Hefa-, noch stärker: *Hefasoich-* *-Renfiich* Rindvieh
Granada- *-Rausch, -Seggl* Rausch, Säckel
Mords- *-Gaude, -Dromm* Gaudium, dickes Weib
Scheiß- *-Bude, -Karra* Bude, Karren
Soich-, noch stärker: *Soichbeidls-* *-Gruuschd* übles Lumpenzeug

(Man sieht, daß die Sphäre des Religiösen, der Tierwelt, des Drastischen und Unanständigen herhalten muß)

2. Kombination Hauptwort/Eigenschaftswort:

Anstelle von „sehr, besonders, ungemein, außerordentlich" müssen herhalten:

sau- -gladd, -wild, -gemei', -domm, -bleed, -deier glatt, wild, gemein, dumm, blöde, teuer
honds- -misraabl, -liaderlech, -miad miserabel, liederlich, müde
scheiß- -freindlech, -wurschd, -billech freundlich, wurst = egal, billig
arsch- -gladd glatt

3. Kombination Eigenschaftswort/Hauptwort:

args	*Glomb*	arges
liadrechs	*Glomb*	liederliches
verschissas	*Glomb*	verschissenes
daggelhafds	*Gschwäzz*	dackelhaftes –

grommschdiifliche Rommschleicherei krummstiefelige –
(neben *arg,* das neutral ist, treten also besonders drastische Wortgebilde auf)

4. Kombination Umstandswort/Eigenschaftswort:

(godds)allmäächdech
jeesesmääßech
saumääßech
wäddrmääßech
donderschläächdech
wai(a)daaged
} plus: glatt, lieb usw.

5. Die Aneinanderreihung einer ganzen Serie von Verstärkungswörtern erhöht natürlich die Wirkung des Übertreibungsmanövers:

greizdeiflswild kreuzteufelswild
Hemmlherrgoddshailandsgreizmillionasauscheißsaggermend
Goddessausoichgranadascheißbeidlshuraglomb

6. Eine weitere Übersteigerungsmöglichkeit erschließt sich unsere schwäbische Mundart durch mannigfache Verwendung von Vor- bzw. Nachsilben, so:

a) die Vorsilbe Ge- (entsprechend hochdeutsch: Gerenne usw.):

Gebäff Gebelfer; *Glaif* Geläufe; *Gschbraang* Herumspringerei; *Gschiis* Getue

b) die Nachsilbe -erei (entsprechend hochdeutsch: Drückebergerei):

Lauferei, Rommhoggerei, Telefoniirerei, Heilerei, Scheißerei (zu: laufen, herumhocken, telefonieren, heulen, scheißen) (also an fast jedes Zeitwort anhängbar)

c) die originalschwäbischen Nachsilben, für die es keine hochdeutschen Entsprechungen gibt:

-eds(e):

Gnarfleds Knorpeliges; *Hubbeds(e)* Huperei, Gehupe; *Hoggeds(e)* Herumhocken; *Meegeds(e)* Einandermögen, Liebe

-ed(e):

d Fuaßned die Fußgegend; *Kozzede* das Kotzen; *Heilede* das Geheule; *Rennede* das Herumrennen; *Scheißed(e)* Durchfall; *Bronzed(e)* schwache Blase

-es:

Laches Gelächter; *Heiles* Geheule; *Laufes* Gelaufe; *Zubfes* Gezupfe; *Worges* Gewürge

Redensarten wie: *dò isch a Heiles a'ganga* da ist ein Geheule losgegangen; *dia hen a Zubfes gheed* die haben ein Gezupfe vorgeführt; *Geiles schbiila* Pferdchen spielen; *Schdoinisles doa'* mit Steinkügelchen (Murmeln) spielen

-s:

Zuigs Zeug

Lautgleiche Wörter

Die schwäbische Lautgestaltung und die Art unsrer Umschrift bewirken, daß eine ganze Reihe von Wörtern in der Mundart völlig gleich lauten, aber bei der Umsetzung in die Hochsprache verschiedene Deutung zulassen. Mißverständnisse Hereingeschmeckter sind also weder beim Sprechen noch beim Lesen des Schwäbischen ausgeschlossen.

Dafür einige Beispiele:

leida	leiden oder läuten?
gagger(e)d	geackert oder gegackert?
glidda	gelitten oder geläutet?
Bendl	Bändel oder Bündel?
Buach	Buch oder Buche?
Gloid	Geleit oder Kleid?
Grischd	Gerüst oder Christ?
Hemml	Hämmel oder Himmel?
Renna	Rennen oder Rinne?
Schemml	Schimmel oder Schemel?
Wee'd	Wände oder Wind?
Bfendle	Pfündlein oder Pfännlein?
Gwendle	Gewindlein oder Gewändlein oder Quentlein?
Kendle	Kindlein oder Kännlein?
Schdendle	Stündlein oder Ständlein?
mr	mir oder wir?

(Kalauer-Frage: *Was dea' mr?* was tun wir?
Antwort: *D Fiaß waih* die Füße weh)

Dagegen unterscheiden wir – bei gleicher Lautung (vgl. S. 187) – in der Umschrift:

Ghald Gehalt	gegenüber: *kald* kalt
Gheil Geheule	gegenüber: *Keil* Keil
ghaira gehören	gegenüber: *kaira* kehren

ghaoa gehauen	gegenüber:	*kaoa* kauen
d Heeh die Höhe	gegenüber:	*Tee* Tee
d Honn die Hunde	gegenüber:	*Tonn* Tonne

Eigengefärbte Wörter

An ureigenen, oft absonderlich konstruierten, aber meist altüberkommenen Sprachbrauch wahrenden Wörtern sei hier wenigstens eines von jedem Buchstaben im Alphabet gebracht (mehr stehen in meinem Buch „Schwäbisch auf deutsch", s. Literaturverzeichnis):

Aalafaa'z, dazu: *aalafee'zech*	durchtriebener, verschlagener Kerl – zu Fant?
Bròòchgwadd	wörtlich „Brachquatte", Engerling – die Maikäferlarve, die auf dem Brachfeld herumquattelt (sich mühsam hin- und herbewegt)
dobbaorech	taubohrig, d. i. schwerhörig
Eegòas	Eidechse (Herkunft noch fraglich)
Flaigerle	leichtes, dünnes, womöglich auch noch etwas durchsichtiges Frauengewand, das der Wind gar zu leicht hochheben kann (aus mhd. vlöugen, etwa: fliegen, flattern)
Gaifed	eine Handvoll, aus mhd. goufe
Hòarnschraidl	wörtlich „Hornschrötel", männlicher Hirschkäfer – da *schraida* spalten bedeutet: ein Insekt, das mit seinen Hörnern Holz spaltet
iiberzwärch	total verquer, zu mhd. zwerh = quer; vgl. Zwerchfell
Kuahfliageds	Aufsehen erregendes Ereignis – als ob plötzlich eine Kuh in die Lüfte fliegen, eine Kuhfliegerei veranstalten würde

Luggeleskäs	Quark – mit „*komm luggluggluggl!*" lockt man die Hühner an. Ein junges Huhn wird so zu einem *Luggele,* und einem solchen setzt man gerne *Luggeleskäs* vor!
Muggaschiß	kleine Portion – was eine Mücke an Kompaktem ausscheidet, ist gewiß so wenig, daß man es kaum mit dem bloßen Auge zu sehen vermag
Nuschdr	Perlenschnur – letztes Überbleibsel aus „pater noster": ein solches betet man in katholischen Gegenden an einer Perlenschnur ab
Oo'däädele	wörtlich „Untädelein": etwas, das untadelig ist. Redensart: *dò isch koa' Oo'däädele dra'* da ist kein Makel daran
Pòòdr	Perle – hängt ebenfalls mit dem lateinischen „pater noster" zusammen (dem Vaterunser, das an einer Perlenschnur abgetastet wird, vgl. *Nuschdr*)
Rei'gschmeggder	wörtlich „Hereingeschmeckter" – Nichteinheimischer, im Gegensatz zu: *Hiasecher* Hiesiger
schnarrmaula	mit dem Maul schnarren, also: ein knirschendes Geräusch hervorbringen – weil man Hunger oder überhaupt Mangel an etwas leidet
Terrees	unwirsches Frauenzimmer – einfach der Vorname: Therese
uufamsla	wörtlich „aufamseln", sterben, die Seele aufgeben – also nicht mit Amsel zusammenzubringen, sondern mit „anima"
väschbera, verkl.: *vischberla*	vespern, eine Zwischenmahlzeit zu sich nehmen – aus lat. „vesper", Nachmittagsgottesdienst (nach dem oder anstelle von dem man sich etwas einverleibte)

wonderfizzech	neugierig – wohl mit „Witz“ zusammenhängend, da auch: *wonderwizzech*
Zòòsam, verkl.: *Zääsamle*	Faser – bewahrt das mittelhochdeutsche Wort: zâseme

Wie in einem einzigen Satz schochenweise solche Wortraritäten stehen können (die der alte Schwabe aber immer noch versteht), dafür ein „gezieltes“ Beispiel:

Iaz amòòl ischd ao so a raa's, käädschechs, gschnäägereds Geifizzle ema gschroo'meda Flaigerle a mr vrbeigloffa

hochdeutsch:

Da neulich ist auch einmal so ein schlankes, schwächliches, leibarmes Kibitzlein (Zappelmädchen) in einem gestreiften Flaigerlein (s. obige Liste) an mir vorbeigelaufen.

Regionale Mannigfaltigkeit in der Wortwahl

Die Abwechslungsfülle, die innerhalb der schwäbischen Sprachlandschaft oft für ein und denselben Begriff besteht, ist ungleich größer als in der Schriftsprache. Einige besonders überzeugende Beispiele sollen das zeigen:

1. der Begriff „irgendwo“:

Er wird, je nachdem, wo man sich gerade befindet, so abgewandelt:

äbba, äbbschmer; ärged; oi'ma, oi'med, oi'mez; oa'ma, oa'med, oa'mez, oa'mech, oa'mechz; woa'ma, woa'mez, woa'mech, woa'mechz; amanòards, anamòards

2. der Begriff „nirgends“:

närga, närged, närgez; niara, niarez; nea'na, nea'ned, nea'nez; nea'nderd, nea'nech, nea'nechd, nea'nechz; näada, näarda

3. der Begriff „nichts“:

nex, nix; nenz, ninz, nonz; nei'z, noi'z, noiz, nuiz

4. der Begriff „nicht mehr“:

nemme, nomma, numma

Auch bei den Zahlwörtern (diese siehe in besonderem Kapitel) stößt man auf solche Vielfalt der Formen.

Verfremdungen

Daß Wörter wesentlich anders gesprochen werden, als man das aus ihrem Schriftbild folgern sollte, trifft vor allem bei einer Reihe von Orts- und Flurnamen zu. Wir setzen ein paar zum Beweis dafür hierher:

Aorschluzza	Ostelsheim (r und u haben sich als Übergangslaute – der bequemeren Aussprache halber – eingeschlichen)
Baggana	Backnang
Eegna	Ehingen (hat sich im Volksmund umgestellt zu Ehignen)
Gea'ng	Gingen an der Brenz
Hoirna	Heidenheim (r geht mit n besser zusammen als d)
Laimerzea'da	Lehenweiler (sollte eigentlich Lehemer Zehnten – Flurbezeichnung – geschrieben werden)
Ondrdirgna	Untertürkheim
Raora	Rohrau (die Selbstlaute sind geradezu vertauscht!)
Schoa'bach	Schönbuch (da der Waldname weder mit „schön“ noch mit „bach“ zu tun hat – vermutlich liegen die alten Begriffe „schagin“, nordisch „Skagen“ und „bakko“, nordisch „Backen“, zugrunde – wäre Schainbach die zutreffendere Schreibung)
Semmerza	Simmozheim (auch hier r als Überbrückungslaut!)

Auch Personennamen lauten oft absonderlich:

Bääbl	Barbara
Koa'rd	Konrad (aus umgestelltem mhd. Kuonard)
Luile	Ludwig
Wulle	Wilhelm

und sonstige Wörter wie:

Äbbhai	Efeu
Aibiir	manchenorts für: Erdbirne = Kartoffel
Bärmadeggl	Perpendikel
Dogglmeiser	Duckmäuser
gobferschbrich	„gut für sprich", sozusagen
Oagabròadler	Eigenbrötler
Ufamärga	Avemaria

Wortkaskaden

Originelle Wortkombinationen – Willy Reichert war ein Meister in ihrer Fügung, aber auch dem Mann auf der Stadtstraße wie dem auf der Dorfgasse können sie über die Lippen kommen – stellen dar:

Amenaa'schlubferle	Anmichhinschlupferlein – Schmeichelkätzchen
Kee'beddmembferle	Kindbettmämpferlein – etwas, was man einer Wöchnerin im Bett zum Essen zusteckt (*mambfa* ist das altüberlieferte Wort für: mit vollen Backen kauen)
Benzinwagglschnäddere	Benzinwackelschnätterin – Motorrad
Donderskuuglfuhr	Donnerskugelfuhr – nervöses Gehabe (gleichsam wie beim Kugelladen)
Gehäärdale	Gehherdalein – allzu willfähriges Persönchen
Geschlesna'hebere	Göschleinshinhalterin – der Liebe allzu zugängliches Mädchen

Henderschefiirgoggeler	überspannter Mensch
Kiislbazzabrazzlede	das Prasseln von Kieselbatzen – also: Hagelschlag, unangenehm vermerkt
Naachdgrabbahoggedse	Das Herumhocken von Nachtkrähen – lange Nachtsitzung
Schbarrafandlagreemer	Dachbalkenhalbnarrkrämer – verrückter oder kindischer Umstandskrämer (*schbarra* und *fandel,* letzteres zu franz. enfant)
Schnarrmaulerei	so hungern, sparen müssen, daß einem das Maul schnarrt (= knirscht)

Verquertheiten

In eine Grammatik gehören auch solche Sachen herein, die sich nicht nach der Regel richten; dafür ein paar Beispiele:

1. In Redewendungen wie hochdeutsch: um Gottes willen! um Himmels willen! tritt im Schwäbischen kein Wesfall, sondern schwer erklärlicherweise der Werfall auf, indem wir sagen: *om dr Goddes willa! om dr Hemmels willa!*

2. Doppelte Verneinung ist wirklich verstärkte Verneinung und nicht etwa Bejahung:

schwäbisch:	hochsprachlich:
däar hòd nia nex gsaid	der hat nie etwas gesagt
s hòd koa'r koa' Wäardle rausglao'	es hat keiner ein Wörtlein herausgelassen

3. Gelegentlich können wir Wörter, die an sich unveränderlich sind, zu wandelbaren machen in Fällen, wo das hochsprachlich nicht ohne weiteres geht:

a) die als aussagende Eigenschaftswörter verwendeten „zu“

(= geschlossen) und „hin“ (= tot), an denen nichts zu drechseln wäre:

däar Hof *dui Diir* *dees Däarle*	*isch zua*	*däar Hon(d)* *dui Kazz* *dees Veegele*	*isch hee'*

werden zu beigefügten veränderlichen:

a zuaner Hof	*a heenecher Hon(d)*
a zuane Diir	*a heeneche Kazz*
a zuas Däarle	*a heenechs Veegele*

b) das eigenschaftswörtliche Fragefürwort „was für?“:

wa fir a Maa', Weib, Kend? wa fir Leid? was für ein Mann, Weib, Kind? was für Leute?

machen wir zu entsprechenden hauptwörtlich verwendeten:

a waa firrecher, firreche, firrechs? waa firreche? (hochsprachlich können wir für letzteres allenfalls sagen: was für welche?)

4. Beim Umstandswort „gern“, für das die Hochsprache die Steigerungsformen „lieber, am liebsten“ vorschreibt, belassen wir es gern bei:

gäarn, gäarner, am gäarnschda.

Gängige Redewendungen

Sprichwörter und festgefügte Redensarten sind im Schwäbischen (vor allem durch August Lämmle) wohl erschöpfend gesammelt und veröffentlicht worden. Ein noch wenig beackertes Feld stellen die bloßen Redewendungen dar, von denen wir wenigstens einige *uffs Dabeed brenga* (auf den Teppich des Verhandlungstisches bringen), also vorführen möchten:

om a Häärle um ein Härlein = beinahe

da' Leffl wegschmeißa den Löffel wegwerfen = eine Sache aufgeben

uff m Kiwiif sei' auf dem Damm sein – hier steckt das französische qui vive dahinter

da' ledschda Schnabbr doa' den letzten Schnapper tun = den letzten Atemzug tun, sterben

Rozz om da' Bagga schmiara Rotz um die Backe schmieren = einem schön tun, schmeicheln

Boggsgiichdr griaga Bocksgichter (die Bocksgicht) kriegen = sich übermäßig alterieren

mariamagdalenisch gugga wie Maria Magdalena, also verwundert, verdattert dreinschauen

s Griis hao' die Chance haben – das könnte auf griechisch-lateinisch chrisma (Salbung) zurückgehen

ned om a gschäggeds Kiahle! nicht um ein scheckiges Kühlein! = nicht um viel!

da' Aarsch nei'ziaga den Arsch einziehen = kneifen

oms Nommgugga, oms Nommdräha um das Hinumgucken, Hinumdrehen = im Nu, im Handumdrehen

vòar laudr Laßmeaomid vor lauter Laßmichauchmit = vor lauter Aufregung

en dr Scheißgass sei' in der Scheißgasse sein = sich in einer unangenehmen Lage befinden

oa'm s Mulle schdreichla einem das Mulle (das Kätzchen) streicheln = jemanden mit Schmeicheleien überhäufen

plastisch-drastische Vergleiche:

laofa wia a Bodd laufen wie ein Bote (also: schnell)

schaffa wia a Bronnabuzzer arbeiten wie ein Brunnenputzer

Schulda hao' wia a Seidreiber Schulden haben wie ein Säuetreiber

saufa wia a Biirschdabendr saufen wie ein Bürstenbinder

aussea' wia a Graudbuzz aussehen wie ein Krautbutz (eine Vogelscheuche)

uufbassa wia a Hächlamacher aufpassen wie ein Hechelmacher (Hechel = eiserner Kamm)

Schwäbisch und Hochdeutsch in Konkurrenz

Zugegeben: stammesbewußte Schwaben (und heute ist ja ein gewisser Separatismus in ganz Europa wieder Mode) beeindruckt es negativ, wenn man ihre einheimischen Begriffe durch solche ersetzen möchte, die „nicht auf unserer Miste gewachsen" sind.

Wir hören nicht gern:	Sondern möchten es dafür belassen bei:
eine Rolle Bindfaden	*a Bobbl Schnuur*
dummes Zeug daherreden	*a Läddagschwäzz vrfiira*
Einheimische	*Hiasige*
Eisbein	*Gnechle*
Erdbeere	*Bräschdleng*
Fasching	*Faasned*
Junge	*Bua*
Karfiol	*Bloa'makohl*
Klebstoff	*Babb* oder *Bäbb*
Klempner	*Flaschner* oder *Fläschner*
Marmelade	*Gsälz*
Möhre	*Gälbariab*
Mülltonne	*Kudderoi'mer*
Pfannkuchenschnitten	*Flädla*
Sonnabend	*Samschdech*
Tram	*Schdròòßaba'*
Treppchen	*Schdäffela*
verliebt sein	*äbber meega*
Zugereiste	*Rei'gschmeggde*
zuhause	*drhoimd*

(hier haben wir in der Umschrift wieder einmal das Stuttgarterische herausgegriffen)

DAS SCHWÄBISCHE – EINE LAUTEIGENE SPRACHE

1. Das Schwäbische hat eine geringere Zahl von Mitlauten:

stimmhafte Mitlaute fehlen ganz:

> sausen, Genie, Vakanz sprechen wir als:
> *ßaußa, Schenii, Fakanz*

f und v lauten faktisch gleich:

> fein, Vieh lauten beide: *fei', Fii* (auch wenn wir es bei der Schreibung *Vii* belassen, der leichteren Lesbarkeit wegen) (in Fremdwörtern tritt v je nachdem als f oder w auf: Venus lautet *Feenus*, Vase *Waas*)

chs (sogar chts): *gs* oder *x*?

Im Schwäbischen hört man da keinen Unterschied:

> Fuchs lautet: *Fux*, nichts: *nex*
> Tragseil lautet: *Draaxòal*, Geselle: *Xell*
> (wir schreiben indes, um befremdliche Entstellungen zu vermeiden, zwar *Fux* und *nex*, aber: *Draagsòal* und *Gsell*)

Anmerkung: Daß Mitlaute in der schwäbischen Stadtmundart oft in Mengen nahtlos aneinandergefügt werden, dazu s. nächstes Kapitel, Abschnitt 4.

2. Wie im Schriftdeutschen (wenn auch oft nicht der dortigen Vorlage entsprechend) kommen bei uns folgende Selbstlaute einfach und gelängt vor:

a	*gnabb*	knapp	aa	*Waaga*	Wagen (Einzahl)
ä	*nädd*	nett	ää	*Wääga*	Wagen (Mehrzahl)
e	*Bedd*	Bett	ee	*Eesl*	Esel
				reescha	rösten
i	*digg*	dick	ii	*siiba*	sieben
				r siid	er sieht

	Gligg	Glück		*Kiibl*	Kübel
o	*ofd*	oft	oo	*Booda*	Boden
				Joomr	Jammer
ò	*hòd*	hat	òò	*Hòòr*	Haare
				Dròòd	Draht
				gròòda	geraten
u	*Subb*	Suppe	uu	*gruubla*	grübeln
				Schuur	Scheuer

a) aber es fehlen die gerundeten Laute:

ö(ö) und ü(ü), für die e(e) und i(i) eintreten:

Regg = Röcke, *meega* = mögen
schdizza = stützen, *Wiirschdle* = Würstlein

b) Anstelle des in der hochdeutschen Sprechweise vorhandenen, dem ö zuneigenden (und darum von uns hier behelfsweise auch so wiedergegebenen) schwachtonigen „Indifferenz"-Lautes:

hd. gesprochen:	gögeebön	hd. geschrieben:	gegeben
	Farbö		Farbe
	saagön		sagen

hat das Schwäbische den mehr einem verdumpften a zuneigenden (und von uns darum in der Regel auch so geschriebenen) Laut:

schw. gesprochen:	*a*	hd. geschrieben:	ein(e)
	Sacha		Sachen
	fròòga		fragen

3. Was die Zahl der Zwielaute angeht, so kennt das Hochdeutsche (gesprochen und geschrieben) deren viel weniger als das Schwäbische jeglicher Schattierung, was in diesem Buch an anderer Stelle unter dem Sonderkapitel „Zwielaute" ausführlich niedergelegt ist.

Wenn man nun noch bedenkt, daß eine große Zahl der einzelnen, der gedoppelten und kombinierten Zwielaute auch noch in genäselter Fassung vorkommen, so wird man sagen können, daß das Schwäbische (besonders wenn man noch all seine Variationsmöglichkeiten hereinnimmt) weitaus farbiger und klangvoller auftritt als die hochdeutsche Einheitsaussprache, wie sie im „Siebs" vorläufig als unabänderlich geformt und genormt vorliegt.

DAS SCHWÄBISCHE – EINE „BHÄBE" SPRACHE

Das Schwäbische (als, wie jede Volkssprache, auf mündliche Mitteilung eingestellt) geht einem, der mit ihm aufgewachsen ist, viel leichter durch den Mund denn die Hochsprache. Es war von Anfang an so beschaffen und hat sich im Lauf der Zeiten so den Umständen angepaßt, daß es seinem Sprecher Kräfte einspart: es verlangt von ihm einen geringeren Zeitaufwand in der Sprechfolge und ein geringeres Maß an Muskelbewegungen der Sprechwerkzeuge. Zur Erhärtung dieser Tatsache ließe sich eine Doktorarbeit schreiben. Wir möchten im vorliegenden Rahmen für das Sparsame, das „Bhäbe" unseres Schwäbisch nur ein paar Beweise auftischen:

1. Im Einzelwort und in der Wortfolge kommt es mit wesentlich weniger Sprechsilben aus:

schwäbisch:	hochsprachlich:
glaobschs? (1 Silbe)	glaubst/du/es? (3 Silben)
a/Oach (2 Silben)	ei/ne/Ei/che (4 Silben)
deesch/mr/sliabschd (3 Silben)	das/ist/mir/das/lieb/ste (6 Silben)
dò/hao'/n em s/gsaid (4 Silben)	da/ha/be/ich/ihm/es/ge/sagt (8 Silben)

2. Es erfolgt kein Sprechkraft erforderndes Stocken des Sprechflusses (Knackgeräusch) vor einem mit Selbstlaut beginnenden Wort(teil):

schwäbisch:	hochsprachlich:
zeerschd	zu-erst
gobfrd	ge-opfert
vralded	ver-altet
isagemsnemme	ich sage-ihm-es nicht mehr
duleschdälleseerschdamòllaofa (in einem Fluß!)	du läßt-alles-erst-einmal laufen

3. Es gibt keine Mitlaute, denen auch noch ein Ton unterlegt werden müßte (also: keine stimmhaften) wie im Hochdeutschen. Die Hervorbringung dieses Tons erspart sich unsere Mundart:

schwäbisch:	hoch- bzw. fremdsprachlich:
stimmlos: *ßaußa*	stimmhaft: s̥aus̥en
stimmlos: *Schaleßii*	stimmhaft: Jalous̥ie (schwäb.: V̊orhang)
stimmlos: *Schenii*	stimmhaft: G̥enie
stimmlos: *Aafe Maria*	stimmhaft: Av̥e Maria

4. Das Schwäbische (wenigstens in seiner städtischen Färbung) ermöglicht das nahtlose Zusammenschweißen einer ganzen Menge von Mitlauten, ohne daß, wie in der Hochsprache, Selbstlaute dazwischengeschaltet wären. Deren Funktion übernehmen Mitlaute, die silbisch gesprochen werden:

schwäbisch:	hochsprachlich:
hòdr̥dr̥sfr̥leichgsaggd?	hat er dir es vielleicht gesagt?
sollsm̥dr̥Maxgää?	soll es ihm der Max geben?
willsn̥dr̥greemr̥vr̥kaofa?	will es ihnen der Krämer verkaufen?
dembfdr̥dr̥s?	dämpft er dir es?

5. Es unterbleibt in energiesparender Weise das Zuspitzen des Mundes; so:

schwäbisch:				für hochsprachlich:
ee	statt	ö	: *schee'*	schön
ii	statt	ü	: *blia*	blühen
ai	statt	eu	: *Fraid*	Freude
ei	statt	äu	: *leida*	läuten

6. Gewisse Mitlaute werden auf solche ihrer Umgebung zugeschliffen (was Überbrückungskräfte spart):

durch Angleichung: *ebmacha* für: nicht machen (der Weg von b zu m ist näher als der von d!)
r konnd für: er kommt (von n aus ist es näher zu d als von m aus!)

durch Wegfall: *mi Gwald* für: mit Gewalt (1 Laut statt 2!)
hòsch? für: hast du? (3 Laute zu einem zusammengeschmolzen!)

durch Einschaltung: *Mandsbild* statt: Mannsbild
Hoirna statt: *Hoidna* für: Heidenheim (die Zwischenlaute d bzw. r erleichtern automatisch den Übergang!)

(dazu siehe das Kapitel „Sproßmitlaute“)

7. Je nach dem Grad des Sprecheinsatzes haben wir z. B. für das hochdeutsche Fürwörtchen „du“ fünferlei Entsprechungen, die sich abstufen von
dau über *duu* zu *de,* von dem bald nur noch *d* und schließlich nichts mehr übrigbleibt, wie es folgende Aussagen sichtbar machen wollen:

wa widd denn dau?	was willst denn du?
wa widd denn duu?	was willst denn du?
saag, wa de widd!	sage, was du willst!
saag, wa d widd!	sage, was du willst!
hòsch – ghaird?	hast du gehört?

Auch das sollte ein überzeugendes Beispiel für die größeren Möglichkeiten ökonomischen Sprecheinsatzes in der Mundart im Vergleich zur Hochsprache sein.
Die vorgegebenen Beispiele mögen in dem hier gesteckten Rahmen genügen.

SCHWÄBISCHE MUNDART-SCHRIFTSTELLER UND DIE VON IHNEN VERTRETENE SPRACHLANDSCHAFT

Unter den mit Veröffentlichungen aufgetretenen schwäbischen Mundartschriftstellern, die sich vor allem der Lyrik, aber oft auch sonstigen Sparten des Schrifttums widmeten, gibt es wie überall nur wenige, die Überdurchschnittliches oder besonders Originelles vorzuweisen haben. Da aber in dieser Beziehung der Geschmack des Chronisten zu subjektiv ist, sei er nicht beigezogen.

Der Quantität des Vorliegenden nach ist indes objektiv festzustellen, daß die einzelnen Schreibenden im allgemeinen nur wenige und kleine Bändchen veröffentlicht haben. Etliche können aber auch auf eine ganze Anzahl von Büchern verweisen: eine einigermaßen vollständige dialektschwäbische Bücherei füllt also schon ein stattliches Regal.

Alle drei Sprachlandschaften haben ihre Vertreter in der Mundartdichtung gefunden. Von ihnen seien die bekanntesten (bzw. uns bekannt gewordenen) im Folgenden mit ihrem Geburtsdatum herausgegriffen:

Westschwaben:

Gottlieb Friedrich Wagner 1794
Ludwig Egler 1828
Anna Schwäble 1844
Matthias Koch 1860
Otto Gittinger 1861
Karl Häfner 1886
Karl Hötzer 1892
Paul Schmid (Peter Strick) 1895
Josef Eberle (Sebastian Blau) 1901
Gotthilf Groß 1914
Maria Eipper 1917
Norbert Feinäugle 1943

Mittelschwaben:

Sebastian Sailer 1714
Carl Borromäus Weitzmann 1767
Dionys Kuen 1773
Johannes Nefflen 1789
Christian Dreizler 1794
Moritz Rapp 1803
Eduard Mörike 1804
Friedrich Theodor Vischer 1807
Eduard Hiller 1818
Georg Jäger 1826
Adolf Grimminger 1827
Michel Buck 1832
Mathilde Frank 1843
Karl Weitbrecht 1847
Richard Weitbrecht 1851
Kasimir Mangold 1852
August Reiff 1866
Lina Stöhr 1872
Otto Keller 1875
August Lämmle 1876 (mit westschwäb. Einschlag)
Martin Lang 1883
Ludwig Schäble 1892
Karl Fuß (Wendelin Überzwerch) 1893
Wilhelm Schloz 1894
Paul Wanner 1895
Hugo Geißler 1895
Werner Veidt 1903
Richard Ottenbacher 1903
Friedrich E. Vogt 1905
Kurt Dobler 1907
Martin Schleker 1908
Hans Bayer (Thaddäus Troll) 1914
Karl Keller 1914
Heinz-Eugen Schramm 1916
Lydia Hohner 1920
Wilhelm König 1936
Horst Stein 1938
Peter Schlack 1943
Gerhard Raff 1946
Eduard Smetana 1946
Harald Frick 1948
Wolle Kriwanek 1949
Günther Wölfle 1951

ohne ermitteltes Geburtsdatum, daher alphabetisch:

Ludwig Anton
Max Dürr
Karl Haug
Luise Henle
Josef Hirn
Ernst Keppler
Lore Kindler
Rudolf Lichtenstein
Wilhelm Löffel (Knöpfle)
Agathe Maurer
Adolf Schaich
Else Schlieter

Ostschwaben:

Joseph Epple 1789
Johann Kähn 1810
Friedrich Richter 1811
Franz Joseph Keller 1824
Johann Georg Scheiffele (Jörg von Spitzispui) 1825
Hermann Knapp 1828
Gustav Seuffer 1835
Josef Fischer (Hyazinth Wäckerle) 1836
Gottfried Jakob 1839
Max Lingg 1842
Gustav Schwegelbaur 1870
Fritz Butz 1879
Alfred Weitnauer 1890
Arthur Maximilian Miller 1901
Benedikt Schock 1901
Rudolf Weit 1910
Michel Eberhardt 1913
Albert Kaiser 1919
Heinrich Finkele 1920
Willi Habermann 1922
Günter Herburger 1932
Michael Spohn 1942
Georg Holzwarth 1943
Hubert Endhart 1950

ohne ermitteltes Geburtsdatum:

Anna Haug
G. A. Tröglen

SCHWÄBISCHE SPRACHPROBEN

Nach all dem bisher theoretisch über unseren schwäbischen Dialekt Gesagten muß es wohl interessieren, wie sich denn jetzt entsprechende Sprachproben aus der vorliegenden Literatur ausmachen.
Wir lassen dabei vier prominente Mundartschriftsteller des 20. Jahrhunderts, also unserer Zeit, zu Wort kommen, und zwar unter Verwendung der im vorliegenden Buch angesteuerten, die Lauttreue möglichst genau mit den in unserem Alphabet vorhandenen Buchstaben verkörpernden und mit jeder Schreibmaschine wiederzugebenden Umschrift.

westschwäbisch:

JOSEF EBERLE (SEBASTIAN BLAU)

Sommer

Dr Hemml ischd ganz hao ond blòò,
ond d Fruuchd schdòòd ufm Halm goldgäal
ond d Albbärg send zom Greifa nòh,
ond d Schdròòßa weiß wia Mäal!

Dees Wäddr konnd de Leid wia bschdelld:
koa' Wendle gòòd, koa' Vogl bfeifd,
d Lufd ziddred iibrem Ährafäld –
ma' moa'd, ma' sea'h, wia s reifd . . .

Uf älle Fäldr schaffed d Leid,
bei soddem Wäddr geid s a Schdugg:
ma' räched, bended oder schneid
ond lòòd bis z Naachd ed lugg.

Em Fäldwäag laofd a schwaaza Gschdald,
nao' Huad ond Angga gugged fiir:
deeschd s Haierle, s gòòd nuf en Wald
ond bädded em Brewiir . . .

mittelschwäbisch:

HEINZ-EUGEN SCHRAMM

Ao a Begriaßong!

Jezz lägg mi am Aarsch, dr Friidr!
I ka' nemme, laß me gao'!
D Wäld isch gloi', dò siid mrs wiidr!
Ren(d)viich, alds! Wia gòòd drs ao?

Mensch, dees miaßed mr begiaßa!
Wursch doch ed glei weiders miaßa?
Aldr Sembl, uf gòòds, komm!
Nex als wia ens „Fäßle“ nomm!

Übertragung:

Sommer

Der Himmel ist ganz hoch und blau,
und die Frucht steht auf dem Halm goldgelb,
und die Albberge sind zum Greifen nah,
und die Straßen weiß wie Mehl!

Dieses Wetter kommt den Leuten wie bestellt:
kein Windlein geht, kein Vogel pfeift,
die Luft zittert über dem Ährenfeld –
man meint, man sehe, wie es reift ...

Auf allen Feldern schaffen die Leute,
bei solchem Wetter gibt es ein Stück:
man recht, bindet oder schneidet
und läßt bis zur Nacht nicht locker.

Im Feldweg läuft eine schwarze Gestalt,
nur Hut und Anke (Genick) gucken vor:
das ist das Herrlein (der Geistliche), es geht hinauf in den Wald
und betet im Brevier ...

Übertragung:

Auch eine Begrüßung!

Jetzt leck mich am Arsch, der Frieder!
Ich kann nicht mehr, laß mich gehen!
Die Welt ist klein, da sieht man es wieder!
Rindvieh, altes! Wie geht es dir auch?

Mensch, das müssen wir begießen!
Wirst doch nicht gleich weiter müssen?
Alter Simpel, auf geht's, komm!
Nichts als wie ins „Fäßle" hinum!

ostschwäbisch:

ARTHUR MAXIMILIAN MILLER

Du schea'ner Engel Gabriel

Du schea'ner Engel Gabriel,
wia hoila laofsch du rei'!
Maria guggd vom Biachla auf
und said: O Jesses nei'!

Es isch so heal im Kemmerla,
a Lufd, so siaß und guad!
Maria gugged gar so groaß.
Es ischd r liabla zmuad.

Wia Schdäara schdanded d Aoga iar,
a Räasla isch dr Mund.
Isch denn dr Himml auf amaol
im Kemmerla dao hund?

Stuttgart-Cannstatterisch:

HANS BAYER (THADDÄUS TROLL)

Aldersschuub

seid dia albacha huzzl en dr schdròòßabaa'
gsagd hòd – ezd lassed doch den alda maa'
na'hogga – ond a muggaseggele
zeid vrganga isch
bis r gmergd hòd är sei drmid gmoind
seidhär schdiird r manchmòòl vor sich naa'
seidhär driald r manchmòòl en sich nei'
gräbsld seidhär nemme iber s zai'le
schdeigd r nemme iber s gardadeerle
bleibd r schdanda nòch dr zwoida dräbb
weil r moind r kennd s nemme vrschnaufa
legd r d hand am schdammdisch hender s ohr
weil r moind r kennd ned älles verschdanda
siid em schnee r schloier vor de aoga
draud sich nemme ama saubera mädle

Übertragung:

Du schöner Engel Gabriel

Du schöner Engel Gabriel,
wie heilig läufst du herein!
Maria guckt vom Büchlein auf
und sagt: O Jesus nein!

Es ist so hell im Kämmerlein,
eine Luft, so süß und gut!
Maria guckt gar so groß.
Es ist ihr lieblich zumut.

Wie Sterne stehen die Augen ihr,
ein Röslein ist der Mund.
Ist denn der Himmel auf einmal
im Kämmerlein da unten?

Übertragung:

Altersschub

Seid diese altgebackene Hutzel in der Straßenbahn
gesagt hat – jetzt lasset doch den alten Mann
hinhocken – und ein Muckenseckelein
Zeit vergangen ist
bis er gemerkt hat er sei damit gemeint
seither stiert er manchmal vor sich hin
seither trielt er manchmal in sich hinein
krebselt seither nicht mehr über das Zäunlein
steigt er nicht mehr über das Gartentörlein
bleibt er stehen nach der zweiten Treppe
weil er meint er könne es nicht mehr verschnaufen
legt er die Hand am Stammtisch hinter das Ohr
weil er meint er könne nicht alles verstehen
sieht im Schnee er Schleier vor den Augen
traut sich nicht mehr einem sauberen Mädlein

zuazlächla ond a bißle mid era
z scharmuziira
ond dees älles weil där
schärba en dr schdròòßabaa'
gsagd hòd – lassed doch den alda maa' –
hòd r angschd daß d kendr opa zua em saged
dees word hòd r no nia vrbuzza kenna
(übermodern ist in diesem Poem bereits, daß alles kleingeschrieben ist und jedes Satzzeichen fehlt)

zuzulächeln und ein bißchen mit ihr
zu scharmutzieren
und das alles weil der
Scherben in der Straßenbahn
gesagt hat – lasset doch den alten Mann –
hat er Angst daß die Kinder Opa zu ihm sagen
dieses Wort hat er noch nie verputzen (ausstehen) können

Ansätze zu Gemeinschwäbisch

Man stellt bei der Lektüre der angeführten Sprachproben fest, daß es bei allen sonstigen Verschiedenheiten in der Lautgestaltung bei unseren vier Poeten doch etliches gibt, was sie (und damit das Schwäbische insgesamt) gemeinsam aufweisen: das darf man demnach auch getrost als „gemeinschwäbisch“ bezeichnen. Zum Gemeinschwäbischen gehört so auf jeden Fall:

1. das Anhängen von -le und -la, statt des hochdeutschen -chen, an unsere Verkleinerungswörter:

Eberle:	*Haierle* Herrlein; *Wendle* Windlein
Schramm:	*Fäßle* Fäßlein
Miller:	*Biachla* Büchlein; *Räasla* Röslein
Troll:	*Mädle* Mädlein; *Zai'le* Zäunlein

2. das Durch-die-Nase-Sprechen von Selbstlauten, wenn diese vor m oder n zu stehen kommen:

Eberle:	–
Schramm:	*gao'* gehen; *gloi'* klein
Miller:	*nei'* nein; *rei'* herein
Troll:	*Maa'* Mann; *Zai'le* Zäunlein

3. das Ersetzen von im Hochdeutschen gerundeten Lauten durch ungerundete:

Eberle:	–
Schramm:	*miaßa* müssen
Miller:	*schea'* schön; *Biachle* Büchlein
Troll:	*kenna* können; *Zai'le* Zäunlein

4. das Hochziehen von u und i in den Zwielauten au und ei, wenn diesen mhd. û und î zugrunde lagen:

Eberle:	*geid* mhd. gît, gibt
Schramm:	*weiders* weiter
Miller:	*auf* auf
Troll:	*vrschnaufa* verschnaufen; *Zeid* Zeit

5. das Umwandeln jedes sp und st zu schb bzw. schd (nicht nur im Anlaut, wie im Hochdeutschen):

Eberle:	–
Schramm:	*wursch* wirst du
Miller:	*du laofsch* du läufst
Troll:	*Angschd* Angst

6. das Erweichen von p, t, k in fast allen Fällen (doch nicht so grundsätzlich wie im Sächsischen; Näheres s. im Kapitel „harte Verschlußlaute"):

Eberle:	*bädda* beten; *Leid* Leute; *lugg* locker
Schramm:	*Sembl* Simpel; *ald* alt; *gloi'* klein
Troll:	*vrbuzza* verputzen; *Schdammdisch* Stammtisch; *na'hogga* hinhocken

(die hier angeführten – und weitere – Tatsachen sind ja bei den einzelnen Lauten bereits ausführlich zur Sprache gekommen)

ABSCHLIESSENDE ANGABEN

Zur Lautumschrift

In Ergänzung zu dem im Kapitel „Vielerlei Schreibweisen“ Vorgebrachten soll abschließend in puncto unseres Umsetzverfahrens von Laut in Schrift festgehalten werden:

1. Gemäß unserem Bestreben, nur die vom schriftsprachlichen Alphabet her bekannten Buchstaben zu gebrauchen, sind die Mundartwörter so zu lesen, wie sie dastehen. Einzige von uns verwendete notwendige Lauthilfszeichen sind:

a) der Gravis-Akzent auf dem o, der anzeigen soll, wann dieses „offen“ zu sprechen ist:

hòd	hat	im Gegensatz zu:	*hod!*	hott!
dò	da		*do'*	(stuttgarterisch) tun
Òòdr	Ader		*oodr*	oder
Mòòß	Maß		*Moos*	Moos
Ròòd	Rat		*rood*	(stuttgarterisch) rot

b) das Auslassungszeichen hinter den (meist gelängten) Selbstlauten a, e und o, um anzudeuten, daß diese genäselt gesprochen werden:

a' ein(e); *Maa'* Mann;
Bee'ne Bühne, Dachboden; *hee'* hin (kaputt); *schee'* schön;
drvoo' davon; *Moo'* Mond

Sonst beachte man unsere mit Bedacht vorgenommene und einem wirklichen Bedürfnis entgegenkommende Schreibung:

bei den Selbstlauten:

ei:	*sei!*	sei!	gegen ai:	*Sai*	See
	reida	reiten		*raida*	röten
	Wei	Weihe		*Wai*	Weh

Meische	Mäusche (für: Moses)		*Maische*	Maische (Weingärtnerwort)
freia	freien		*fraia*	freuen

(die Schreibung ae wäre zwar wohl lautgerechter als ai, könnte aber zu einer Verwechslung mit ä führen: *Kaeser* – Käser oder Kaiser?)

au:	*au!*	Ausruf: au!	gegen ao:	*ao*	auch
	Laus	Laus		*Laos*	Los
	glauba	klauben		*glaoba*	glauben
oi:	*Doig*	(mittelschwäb.) Teig			
	Gloid	(mittelschwäb.) Kleid			
	oi's	(mittelschwäb.) eins			

(die Schreibung oe wäre lautgerechter, aber man könnte das als ö lesen: *Boe* Boy oder Bö?)

ua:	*Fuaß*	mhd. vuoz, Fuß
	guad	mhd. guot, gut
	Muader	mhd. muoter, Mutter

(die Schreibung ue dafür bei manchen Mundartautoren verbietet sich, da sie ü gelesen werden könnte: *Guede* Gute oder Güte?)

bei den Mitlauten:

f und v

sind (auch wenn sie an sich gleich ausgesprochen werden) so beibehalten wie in der Schriftsprache:

Fäadr	Feder
Fuaß	Fuß
Veena	(nicht *Feena,* das ja auch substantiviertes „Föhnen" meinen könnte)
viil	viel (*i fiil* wäre andrerseits die Entsprechung von: ich fiele)
Närva	Nerven
braav	brav

s, ss und ß

sind jeweils beibehalten (obwohl in der Aussprache kein Unterschied besteht), um das gewohnte Schriftbild zu bewahren:

Mòòs	Mase, (Mutter)mal
Moss	Moss, schlecht beleumundetes Frauenzimmer
Mòòß	Maß

x

ist als solches beibehalten, wo es der hochdeutschen Vorlage entspricht:

Haxa	Haxen
Häx	Hexe
boxa	boxen
fix	fix, schnell
Fux	Studentensprache (in eine Korporation Neueingetretener)

Sonst wird es (bei unorganischer Entstehung) hereingenommen, wo beim Lesen kein Befremden aufkommen kann:

nex	nichts
lux	locker, lose

aber wir schreiben[1]):

nicht:	*xond*	sondern:	*gsond* gesund
	wixa		*wigsa* wichsen
	i ma'xe		*i ma'g se* ich mag sie
	Wäaxòachr		*Wäagsòachr* Wegseicher, d. i. Eiterbläslein

z

ist im allgemeinen als solches beibehalten (also nicht ts bzw. ds geschrieben); doch wird das gewohnt-schriftsprachliche tz mit zz wiedergegeben:

flaiza flözen; *Fäzza* Fetzen; *Mezzgr* Metzger
(*flaidsa, Fädsa, Medsgr* ergäben ein zu befremdliches Wortbild)

Wo die Schreibung z entstellend wirken könnte, übernehmen wir[1]) sie nicht:

nicht: *hòzao*	sondern:	*hòds ao*	hat es auch
onzo		*ond so*	und so
wize?		*widd se?*	willst du sie?

b, d, g oder manchmal p, t, k dafür?

Streiten läßt sich darüber, ob man bei einem Zusammentreffen der weichen Verschlußlaute b, d, g mit h die Lautungen p, t, k höre und damit auch so schreiben oder ob man es bei der Vorlage belassen solle. Wir entscheiden uns der Lesbarkeit halber (mitunter entstünden unmögliche Zweifelsfälle bzw. Verwechslungen) für die letztere Lösung:

bhääb (nicht: *phääb* – das man ja auch *fääb* lesen könnte)
für mhd. behäbe = enganliegend, geizig

bhalda (nicht: *phalda*)	für: behalten
d Heeh (unmöglich: *Tee*)	für: die Höhe
d Hoos (unmöglich: *Toos*)	für: die Hose
Ghald (unmöglich: *Kald*)	für: Gehalt
ghaira (nicht: *kaira*)	für: gehören

Daß und wie das vorstehende Kapitel ein besonders heikles Problem anrührt, dafür seien nun noch Aussprüche etlicher namhafter Dialektschriftsteller unserer Zeit, soweit sie im südwestdeutschen Raum beheimatet sind, herangezogen:

SEBASTIAN BLAU (Schwabe):

„Das Schriftbild ist die Crux jedes Dialektschriftstellers. Man kann ja Dialekt nicht schreiben, man muß sich mit andeutenden Zeichen behelfen."

[1] obwohl das manche, besonders bairisch-österreichische Mundartschriftsteller gerne tun, um ihre Leser zu frozzeln

WOLFGANG DEICHSEL (Franke):

„Die Notation ist ... sehr schwer ... Die versagt schon beispielsweise bei den Nasenlauten."

KURT MARTI (Schweizer Alemanne):

„Die Orthographie ist für mich ein Riesenproblem. Es gibt ja auch keine Regeln. Man ist also relativ frei. Wenigstens mir ist keine vernünftige Dialekt-Orthographie bekannt."

ANDRÉ WECKMANN (Elsässer Franko-Alemanne):

„Wir haben ja keine genormte Orthographie. Es schreibt ein jeder eben so, wie er sichs denkt."

HERMANN GLASER:

„Die orthographische und phonetische Überdeutlichkeit, die den direkten Zugang erschwert, ist eine besondere ‚List' neuer Mundartdichtung: wo ehedem die Gutdeutsch-Reimer daherkamen, ist alles plattgetreten; dort wächst kein Gras mehr. Der neue Mundartpoet kostet den Vokal- und Konsonantenreichtum der Mundart voll aus, wobei die Anstrengung des Lesens (an die man sich dennoch schnell gewöhnt: Anm. Vogt) die Anstrengung des Nachdenkens evoziert."

HANS-RÜDIGER FLUCK (in Zeitschrift „Der Sprachdienst"):

„Außer mit einer im Alltag unbrauchbaren rein phonetischen Schreibung läßt sich keine Mundart mit unserem Alphabet getreu wiedergeben. Mundart ist eine gesprochene Sprache; wenn sie aufgeschrieben wird, erfährt sie bereits eine Veränderung. Deshalb kann das Schriftzeichen nie mehr als eine Andeutung sein, und jeder Leser muß den Laut für sich hör- und sprechbar machen. Eigentlich ist es sogar, wie Ernst Burren meint, absurd, Dialektdichtung aufzuschreiben, statt sie, wie es die heutige Technik erlaubt, nur durch Tonaufnahmen festzuhalten und zu verbreiten."

Wir hoffen, mit dem in diesem Buch praktizierten und in Obenstehendem zusammengefaßten Bemühen um eine vereinheitlichte Schreibung (nach dem Gehör, doch unter Beibehaltung der vom Schriftdeutschen her gewohnten Buchstaben) manche Vorurteile gegen die Dialektschreibung aus dem Weg geräumt und einen Schritt in Richtung auf die unmißverständlichere Lesbarkeit auch der im Dialekt gehaltenen Literatur getan zu haben.

Verwendete Ausdrücke

Die Bezeichnungen
    Einheitssprache, Hochsprache, Schriftsprache
sowie:
    hochdeutsch, schriftdeutsch
werden als bedeutungsgleich verwendet.

Verwendete Abkürzungen

ahd.	althochdeutsch	Ez.	Einzahl
mhd.	mittelhochdeutsch	Mz.	Mehrzahl
(n)hd.	(neu)hochdeutsch	Ra.	Redensart
schrd.	schriftdeutsch	u. a. o.	und andernorts
schw.	schwäbisch	wö.	wörtlich
verkl.	verkleinert		

LITERATUR

Baur, Gerhard W. und Fluck, Hans-Rüdiger (Hsg.): Warum im Dialekt? (Francke Verlag, Bern und München 1976)

Blau, Sebastian: Schwäbisch (R. Piper, München 1936)

Bohnenberger, Karl: Die Mundarten Württembergs (Silberburg, Stuttgart 1928)

Bohnenberger, Karl: Die alemannische Mundart (Mohr, Tübingen 1953)

Fischer, Hermann: Schwäbisches Wörterbuch (Laupp, Tübingen 1904)

Forchhammer, Jörgen: Allgemeine Sprechkunde (Carl Winter, Heidelberg 1951)

Frey, Eberhard: Stuttgarter Schwäbisch – Laut- und Formenlehre (N. G. Elwert Verlag, Marburg 1976)

Haag, Karl: Die Grenzen des Schwäbischen in Württemberg (Wissenschaftliche Verlagsgesellschaft, Stuttgart 1926)

Haering, Theodor: Schwabenspiegel (J. F. Steinkopf, Stuttgart 1975)

Jaeger, Monika: Theorien der Mundartdichtung (Vereinigung für Volkskunde, Tübingen 1964)

Keinath, Walter: Orts- und Flurnamen in Württemberg (Schwäbischer Albverein, Stuttgart 1951)

Kluge/Götze: Etymologisches Wörterbuch der deutschen Sprache (de Gruyter, Berlin 1967)

Lämmle, August: Das Herz der Heimat (J. F. Steinkopf, Stuttgart 1957)

Lämmle, August: Was mir lieb ist (J. F. Steinkopf Stuttgart 1958)

Lexer, Matthias: Mittelhochdeutsches Handwörterbuch (Leipzig 1872)

Missenharter, Hermann: Herzöge – Bürger – Könige (J. F. Steinkopf, Stuttgart 1974)

Missenharter, Hermann: Liebes altes Württemberg (Kohlhammer, Stuttgart 1954)

Moser, Hugo: Deutsche Sprachgeschichte (Schwab, Stuttgart 1950)

Paul, Hermann: Mittelhochdeutsche Grammatik (Niemeyer, Halle 1918)

Rahn, Fritz: Der schwäbische Mensch und seine Mundart (Günther, Stuttgart 1962)

Rahn, Fritz: Hutzelbrot. Ein schwäbisches Mundart-Lesebuch (J. F. Steinkopf, Stuttgart 1973)
Seuffer, G.: Wesen und Entwicklungsgang des schwäbischen Dialekts und der schwäbischen Mundart (Seligsberg, Bayreuth 1908)
Springer, Otto: Die Flußnamen Württembergs und Badens (Kohlhammer, Stuttgart 1930)
Troll, Thaddäus: Deutschland deine Schwaben (Hoffmann und Campe, Hamburg 1968)
Troll, Thaddäus: Preisend mit viel schönen Reden (Hoffmann und Campe, Hamburg 1972)
Vogt, Friedrich E.: Die Mundart von Deufringen und Umgebung (Dissertation, Universität Tübingen 1929/31)
Vogt, Friedrich E.: Fakta und Probleme der schwäbischen Mundartdichtung (Württ. Jahrbuch für Volkskunde 1961/64)
Vogt, Friedrich E.: Der Wandel in der Dorfsprache (Württ. Jahrbuch für Volkskunde 1959/60)
Vogt, Friedrich E.: Schwäbisch auf deutsch (Bruckmann, München 1973)
Vogt, Friedrich E.: Die Bedeutung der schwäbischen Mundart für den Deutschunterricht (Württ. Schulwarte 1931, Heft 9)
Vogt, Friedrich E.: Die deutsche Hochsprache in Theorie und Praxis (Württ. Schulwarte 1959, Heft 6)
Vogt, Friedrich E.: Oberdeutsche Mundartdichtung (Ernst Klett Verlag, Stuttgart 1968, Heft 3414)
Vogt, Friedrich E.: Typisch schwäbisch (Langspielschallplatte Nr. 714, Arno Graul, Mühlacker)
Weitbrecht und Seuffer: S Schwòbaland in Lied und Wort (Ebner, Ulm 1865)
Winkler, Christian: Lautreines Deutsch (Westermann, Braunschweig 1956)
Zeiler, Alois: Am Mundartquell der deutschen Sprache (Appel-Druck, Günzburg 1962)

BÜCHER AUS DEM J. F. STEINKOPF VERLAG

von Schwaben – für Schwaben – über Schwaben

OTTILIE WILDERMUTH

Bilder und Geschichten aus Schwaben mit den Schwäbischen Pfarrhäusern

Eingeleitet von Peter Härtling, ausgewählt und herausgegeben von Rosemarie Wildermuth, 200 Seiten, Leinen

„Ob ein Weib soll Bücher schreiben? Oder soll sie's lassen bleiben?" Diese rhetorische Frage stellte Ottilie Wildermuth vor über 100 Jahren in ihrer handschriftlichen Hauschronik. Zum Glück hat sie selbst sich entschlossen, es nicht „bleiben zu lassen", denn kundig und für die späteren Leser bemerkenswert verläßlich schilderte sie die Lebenswirklichkeit einer Zeit, die heute neu erforscht wird.

HERMANN MISSENHARTER

Herzöge – Bürger – Könige

Stuttgarts Geschichte, wie sie nicht im Schulbuch steht. Mit Zeichnungen von Heinrich Klumbies, 360 Seiten, Leinen

Diese spritzige Chronik ist keine wahllose Sammlung von Daten und Histörchen, sondern gestaltete Geschichte. Missenharters scharfer, kritischer Geist durchleuchtet die Jahrhunderte und charakterisiert Zusammenhänge und Triebkräfte mit treffsicheren Formulierungen und Anekdoten.

Hutzelbrot

Ein schwäbisches Mundart-Lesebuch. Herausgegeben von Fritz Rahn, 184 Seiten, Leinen

Dieser Hausschatz für die Schwaben daheim und in der weiten Welt ist für die Angehörigen anderer Volksstämme ein Dokument schwäbischer Genialität, das Bewunderung und Liebe erweckt. Das „Hutzelbrot" enthält die schönsten schwäbischen Mundart-Texte, die seit dem 18. Jahrhundert entstanden sind.

THEODOR HAERING

Schwabenspiegel

Ein Kapitel über den schwäbischen Volkscharakter für Schwaben und Nichtschwaben. 128 Seiten, Leinen

Es gibt „sottiche" und „sottiche" Schwaben, im Grunde sind sie umgänglich, dann plötzlich wieder beleidigend grob. Hier schildert der Tübinger Philosophieprofessor Theodor Haering ihre Vielseitigkeit und ihre vertrackten Eigenheiten und bringt die oft diffusen Züge des schwäbischen Charakters mit den beispielhaften und guten Seiten in einleuchtende Beziehung.

HESSEN
RHEINLAND-PFALZ
BAYERN
Mannheim
Heidelberg
Mergentheim
Baden-Württemberg
Bruchsal
Heilbronn
Schwäb. Hall
Crailsheim
fränkisch
KARLSRUHE
Backnang
Ellwangen
Ludwigsburg
Pforzheim
Rastatt
Waiblingen
Aalen
Schwäb. Gmünd
STUTTGART
Baden-Baden
Esslingen
NORDOST-
Göppingen
Heidenheim
Böblingen
MITTEL-
WEST-
Tübingen
Reutlingen
Freudenstadt
Ulm
S C H W Ä B I S C
Ehingen
Balingen
Rottweil
Biberach
Sigmaringen
Villingen-
Schwenningen
SÜDOST-
SCH
Tuttlingen
alemannisch
Ravensburg
Ken
Friedrichshafen
Waldshut
Konstanz
BODENSEE
SCHWEIZ
alemannisch
ÖSTERREICH